KB059441

영적으로 관계 맺기

Spiritual Relationships

영적으로 관계 맺기

Spiritual Relationships

2023년 10월 17일 초판 1쇄 펴냄

지은이 파라마한사 요가난다
옮긴이 이현주
펴낸이 신길순
다듬은이 김수진
펴낸곳 도서출판 **삼인**
등록 1996년 9월 16일 제25100-2012-000046호
주소 03716 서울시 서대문구 성산로 312 북산빌딩 1층
전화 (02) 322-1845
팩스 (02) 322-1846
전자우편 saminbooks@naver.com

디자인 디자인 지폴리
인쇄 수이북스
제책 은정제책

ISBN 978-89-6436-251-8   03190

값 12,500원

Karma & Reincarnation

파라마한사 요가난다의 지혜

영적으로 관계 맺기

이현주 옮김

삼인

차
례

발행인의 말

이 책은 우리가 맺는 온갖 인간관계와 그 신성한 잠재성을 탐색하면서 아주 멋진 삶의 통찰을 보여준다. 언제나 실제적이고 실용적이며 흥미로운 요가난다의 저작은 우리가 일상에서 마주하는 너무도 명백한 삶의 문제들을 주저 없이 드러내며, 명료하고 힘 있는 해법과 방향성 또한 제시하고 있다.

저자인 파라마한사 요가난다Paramahansa Yogananda는 1920년 인도에서 미국으로 이주하여 영혼을 일깨우는 고대 과학인 요가의 가르침과 기법을 미국 사람들에게 소개하였다. 그는 서양에 자신의 거처를 마련한 첫 번째 요가 스승이기도 하다. 그가 쓴 『어느 요기의 자서전(Autobiography of a Yogi)』은 나오자마자 베스트셀러가 되었고, 사람의 영혼을 깨우치는 동양의 가르침에 담긴 매력으로 서양에서 화제가 되었다.

요가는 사람의 에너지를 영적 깨달음으로 돌려놓는 인도의 고대 과학이다. 요가난다는 실제적이고 효과적인 명상 기법을 미국 사회에 소개하는 데서 그치지 않고 그 원리들을 삶의 모든 영역에 적용해 내면의 평화와 행복에 중심을 두고 삶에 접근하는 법을 보여주었다. 미국에서 32년간 그는 저자, 강사, 작곡가로서 왕성한 활동을 펼쳐나갔다.

　이 책에 담긴 인용문들은 그가 1930년대에 쓴 글들에서, 1943년까지 발행된 잡지 『내적 문화(Inner Culture)』와 『동양 서양(East West)』에서, 스와미 크리야난다Swami Kryananda가 편집한 그의 『오마르 카얌의 루바이야트(The Rubaiyat of Omar Khayyam)』해설서에서 그리고 크리야난다가 측근 제자로서 스승과 함께 살던 시절에 적어둔 메모에서 가려 뽑은 것들이다.

　이 책을 내는 우리의 목적은 최소한의 편집을 거쳐 스승의 정신을 선명하게 전하는 데 있다. 간혹 장황한 문장을 손보고 의미를 분명하게 드러내려고 단어와 구두점을 고치기도 했다. 이 책에 담긴 내용들은 거의가 다른 데서는 볼 수 없는 것들이다.

　영적인 인간관계에 관한 요가난다의 말씀이 당신의 삶에 더 커다란 명료성과 영감, 그리고 신성한 사랑으로 스며들기를 바란다.

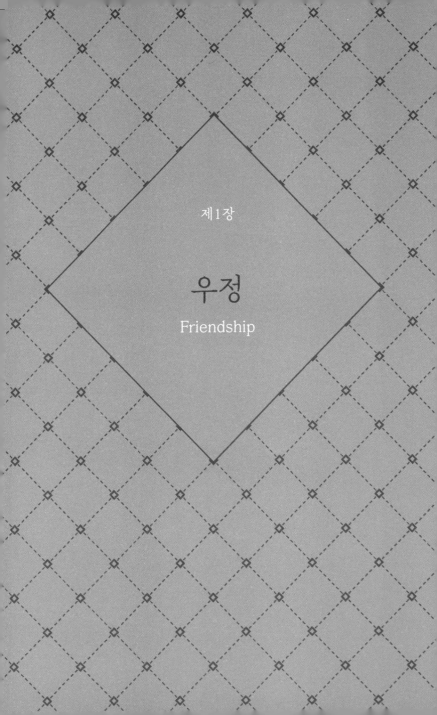

제1장

우정

Friendship

친구 사귀는 기술

　　우정友情(friendship)은 당신이 사랑하는 이의 눈을 통해 빛나며, 집에 와서 온갖 이기심을 녹여주는 신성한 합일의 감로甘露를 함께 마시자고 부르시는 하느님의 사랑이다. 우정은 한 영혼을 다른 영혼들과 하느님한테서 떨어뜨려 놓는 장치들을 무너뜨리라고 부르시는 하느님의 나팔이다. 참된 우정은 두 영혼을 하나로 만들어, 둘이 더불어 위없이 높은 영(Spirit)을 반영反影하게 한다.

　　참된 우정은 폭이 넓고 포용적이다. 어느 한 개인이나 다른 누구에 대한 이기적 집착은 신성한 우정을 가로막는다. 자신의 사랑으로 빛나는 왕국의 경계를 확장해 가족, 이웃, 마을, 나라, 모든 나라, 온갖 중생이 들어와 살게 하라. 여기저기 흩어져 살고 있는 하느님의 피조물에 대한 친절과 애정으로 충만한 우주적 친구가 되라.

　　친구를 사귀려면 친구다운 기질이 있어야 한다. 우정이란 자력磁力으로 자신의 문을 열어놓으면 비슷한 진동을 가진 영혼 또는 영혼들이 끌려올 것이다. '모두'에게 친절하면 그만큼 참된 친구들의 수도 늘어날 것이다.

　　두 영혼 사이에 진정한 우정이 생겨나 그들이 함께 신령한 사랑, 하느님의 사랑을 찾을 때, 서로를 섬기는 것이 그들의 유일한 바람일 때, 그때 그 우정에서 위없이 높은 영의 불꽃이 피어난다.

이렇게 완전해진 신성한 우정으로 서로의 영적 완성을 추구하다 보면 마침내 하나인 '위대한 친구(the one Great Friend)'를 만나게 될 것이다.

믿을 수 있는 우정의 법칙

한 친구와 지나치게 친숙해지거나 무심해지지 말라. '너에 대해 모든 것을 안다'는 말로 그를 부담스럽게 하지 말라. 친구 사이의 존중과 사랑이란 세월과 함께 천천히 자라는 것이다. 서로에게 쓸모가 없고, 자기만 알고, 물질에 마음이 있고, 자기 발전과 영감이 결여된 사람들 사이에서는 친숙함이 오히려 경멸을 초래한다. 서로를 섬기는 만큼 우정은 깊어진다. 예수에게 왜 저토록 많은 추종자가 있는가? 다른 위대한 스승들과 마찬가지로 그분은 인간을 아주 탁월하게 섬겼기 때문이다.

친구를 끌어 모으려면 진정한 친구로서의 자질을 갖추어야 한다. 눈먼 우정은 눈먼 증오로 갑작스럽게 끝날 수 있다. 서로의 노력으로 지혜와 이해라는 집을 지으면 영원토록 신성한 사랑의 법칙이 두 영혼을 묶어줄 것이다.

인간적인 사랑과 우정은 주고받는 물질적, 정신적 거래에 그 바탕이 있다. 그것들은 수명이 짧고 조건적이다. 신성한 사랑과 우정은 영적이고 직관적인 본분에 기반을 둔다. 그래서 무조건적이고 영원하다.

두 사람 사이 또는 영성 단체에 속한 사람들 사이에 완전한 우정이 있다면, 그 우정은 각자를 완전하게 해준다. 우정으로 순결해진 가슴 안에서 사람은 합일의 문을 열어놓고 그리로 다른 영혼들, 자기를 사랑하는 사람들과 사랑하지 않는 사람들을 함께 들어오라고 초대한다. 자기 가슴의 성전에서 신성한 우정이 높은 자리를 차지한다면 그 영혼은 자신을 하느님의 다른 모든 피조물로부터 떨어뜨려 놓는 온갖 굴레들을 멀리 떨쳐버리고 드넓은 우주 영혼(Cosmic Soul)으로 녹아들어갈 것이다.

누구도 낯선 사람으로 여기지 말라. 모든 사람을 자신의 친척으로 느끼는 법을 배우라. 가족사랑은 우정 안에서 모든 생명을 포용하는 사랑을 가슴에 준비시키려는 신성한 교사과정에서 첫 번째 교습이다. 하느님의 생명 핏줄이 모든 인종의 몸 안에서 돌고 있음을 느끼라. 하느님이 그들 안에 숨 쉬고 살아계신다는 것을 안다면 어떻게 인종이 다르다고 미워할 수 있겠는가? 미국인이니 인도인이니 무슨 민족의 일원으로 사는 것은 불과 몇 년이지만, 우리 모두가 영원한 하느님의 자녀들이다. 한 사람의 영혼을 인간이 만든 울타리에 가둘 수는 없다. 그 영혼의 민족은 '위없이 높은 영靈'이고, 그 나라는 '없는 곳 없는 곳'이다.

그렇다고 모든 사람을 개별적으로 다 알아야 한다는 말은 아니다. 언제든 만나는 모든 생명체를 친절하게 섬길 준비가 되어있다면 그게 전부다. 그러려면 끊임없이 마음을 닦아 언제 어디서 누구든 이기심으로 만나지 않도록 평소에 준비해야 한다. 햇빛은 다이아몬드와 석탄을 고르게 비춘다. 그러나 하나는 그 밝은 빛을 눈부시게 반사하고 다른 하나는 모든 빛을 삼켜버린다. 사람들을 대할 때마다 당신이라는 다이아몬드가 하느님의 사랑을 반사하게 하라.

어째서 원수를 사랑해야 하는가?

그리스도가 지닌 힘의 비결은 그분이 원수를 비롯해 모든 인간을 사랑하신 데 있다. 나를 미워하는 누군가를 참된 사랑으로 이기는 것이 다른 수단으로 그를 격파하는 것보다 낫다. 보통사람에게는 이런 말이 엉뚱하게 들릴 것이다. 한 대 맞았으면 두 대 때리고, 한 번 차였으면 두 번 차야 속이 시원할 테니까. 어째서 원수를 사랑해야 하느냐고? 자신의 사랑이 지닌 치유의 빛을 증오로 가득한 상대의 가슴에 쬐어, 자신의 영혼을 다른 영혼들로부터 떨어뜨려 놓는 데서 오는 근본적인 불행을 태워버리기 위해서다.

자신이나 남을 해치는 일은 무엇이든 하지 말라. 만일 당신이 자기 탐닉에 빠져있거나 친구의 비행非行을 부추긴다면 당신은 친구로 변장한 원수다. 자신에게 진실하고 다른 사람에게 진실한 친구가 되는 것으로 당신은 하느님과의 우정을 쌓게 된다. 당신의 그 작은 사랑(love)이 모든 사람의 가슴을 관통하며 흐르는 하나뿐인 큰 사랑(Love)으로 바뀌기까지 계속 확장될 것이다.

우정의 가슴

내가 그들의 가슴에 알지 못하는 친구로 남아 불꽃처럼 타오르는 느낌을 불러일으키고, 그들의 고상한 생각을 통해 세속의 선잠에서 깨어나라고 소리 없이 말해주리라.

지금은 자기가 내 원수인 줄 아는 사람, 저 사람이 실은 오해의 장막 뒤로 숨겨진 나의 신성한 형제임을 잊지 않으리라. 마침내 사랑의 단검으로 그 장막을 찢고 나의 겸손과 용서와 이해를 보여주면, 그는 내 선의善意라는 선물을 받아들이게 되리라.

내 우정의 문은 나를 미워하는 형제들과 나를 사랑하는 형제들 모두에게 똑같이 열려있을 것이다. 나는 다른 사람들을 나 자신처럼 느끼리라.

나는 이웃을 섬기는 것으로 마침내 나 자신의 구원을 이루리라.

'없는 곳 없는 곳'으로 가는 길

우주 의식(cosmic consciousness)에 이르는 길은 자기 영혼 안에 있는 신성한 사랑의 싹을 키우는 것이다. 에고ego를 지나치게 사랑하면 영혼은 육신이라는 울타리에 갇혀버린다. 당신의 영혼은 모든 것을 품어 안는 '위없이 높은 영'의 '없는 곳 없는 반영反影'이다. 그 영혼의 몸에 묶인 의식이 에고다. 에고로서의 영혼은 자신의 없는 곳 없음을 망각하고 스스로를 육신에 국한시킨다.

실천적인 긍휼과 연민을 통해 '다른 몸들' 안에서 저 자신을 느낄 때, 비로소 에고는 잊고 있던 자신의 '없는 곳 없음'을 회복하게 된다. 안목이 짧은 세속인들과는 다르게, 신성한 영혼은 제 몸 안에 있는 자신뿐만 아니라 다른 이들 몸 안에 있는 자신을 위해서도 일한다. 당신 몸 안에 있는 당신뿐 아니라 다른 모든 몸 안에 있는 당신을 위해서도 자양과 번영과 치유와 지혜를 찾을 줄 알아야 한다.

우정의 지혜

어떤 영혼들은 첫눈에 낯이 익고 다른 영혼들은 자주 만나는데 모르는 사이다.

그러나, 지혜의 여신이 속삭여준다.

"낯익은 영혼과 모르는 영혼을 똑같이 사랑하는 데 하늘의 길이 있답니다."

무엇이 참된 우정인가?

우정은 영혼들을 신성한 사랑의 끈으로 묶어주는 우주의 영적 끌림이다. 당신이 우정이라는 자력磁力의 문을 열어두면 비슷한 진동을 지닌 영혼들이 끌려올 것이다. 우정은 사람이 누릴 수 있는 가장 좋은 재물인 '친구'를 통해 표현되는, 당신을 향한 하느님의 사랑이다.

모든 사람이 저와 비슷한 사람들을 끌어당긴다. 이것이 진동의 법칙이다. 우정은 영원하다. 어떤 친구를 통해 자기 안에 있는 하느님이 깨어난다면, 그런 친구를 사귄다면, 그야말로 더없이 큰 우정이다.

참된 우정은 같은 방향으로 함께 나아가는 영혼들 안에 있다. 눈에 띄는 물질적 목표나 공동으로 얻으려는 무언가가 반드시 있어야 하는 것은 아니다. 우정은 갈수록 커지는 평등의식이고, 아무런 물질적 목적 없이도 영혼들이 서로 어울리는 것이다.

서로 노력해 지혜와 직관적 이해를 세워야만 무조건적으로, 영적으로 서로를 섬기는 신성한 사랑의 법이 두 영혼을 묶어줄 수 있다.

우정은 더없이 순결한 사랑이다. 자녀를 향한 부모의 사랑이나 연인들의 사랑에도 강요가 있지만, 참된 우정에는 강요가 없다. 쓸모 있음(usefulness)이 사랑이다. 친구나 세상으로부터 사랑받고 싶다면 그들에게 쓸모가 있어야 한다.

원수에게 친구 되기

원수에게도 친구가 되어야 한다. 원수를 원수로 대하면 그의 분노가 커져 더 큰 원수가 될 테니까. 누구든 남을 해치려는 사람은 먼저 자기를 해친다. 자신이 먼저 독을 삼키지 않고서는 남을 미워할 수가 없다. 누군가를 미워하는 것은 먼저 자신을 해치는 것이다.

기억하라, 하느님이 내 친구 안에 계시는 것과 똑같이 내 원수 안에도 계신다. 자기를 사랑하는 사람들과 자기를 미워하는 사람들 안에 똑같이 계시는 하느님을 알아본다면, 어디에나 편만한 하느님의 사랑을 알아본다면, 그때 그분의 없는 곳 없는 임재를 깨치게 될 것이다.

증오는 공기를 통해 전염된다. 누군가 증오를 뿜어내는데 그 증오에 동조하면 당신도 같은 증오에 휩쓸릴 것이다. 그러나 사랑에 동조한다면 증오의 진동이 아무리 세다 해도 거기에 휩쓸리지 않을 것이다. 가슴에 사랑을 배양해야 한다. 사랑은 영혼들을 끌어당기는 자석이자 증오를 찌르는 단검이다.

당신은 순수한 우정 안에서 하느님을 발견할 것이다. 참된 친구가 되려면 영혼을 알아야 한다. 자신을 하나의 영혼으로 인식할 때 완벽한 친구가 될 수 있다. 좋은 친구 되는 일에 실패한다면, 자신의 영혼을 길러서 위없이 높은 영으로 들어갈 수 있는 자기 확장의 법칙을 어긴 것이다. 사람은 자신과 남에게 진실한 친구가 되면서 하느님과 우정을 쌓을 수 있다.

우정의 신성한 목적

우정은 신성한 사랑으로 영혼들을 묶어주는 우주의 영적 인력引力이다. 위없이 높은 영은 본디 '하나(the One)'였다. 그것이 이원(duality)의 법에 따라 긍정과 부정으로 나뉘었다. 이어서, '둘'이 상대성의 법에 적용된 무한(infinity)의 법에 의해 '여럿'이 되었다. 지금 그 '하나'가 '여럿' 안에서 그것들을 통합해 다시 하나로 만드는 일을 하고 있다. 여러 영혼들을 하나로 결합하려는 위없이 높은 영의 시도가 우리의 감성, 지성, 직관을 통해 이루어지고 우정을 통해 표출되는 것이다.

우정에 관해

우정이란, 두 심장의 붉은 실로 짜는 피륙인가?
두 마음을 넓은 한 마음에 섞는 것인가?

가문 영혼들의 목마름을 축이려고 함께 샘물을 뿜어내는 것
인가?

인정 많은 한 줄기의 두 가지 사이에서 피어나는 한 송이 장미
인가?

두 몸으로 하는 한 생각인가?

아니면, 색깔과 모양은 달라도 한 마음으로 같은 종점을 향해
인생의 수레를 함께 끄는 두 마리 힘센 종마種馬 같은 것인가?

우정이란 평등에 바탕을 둔 것인가, 아니면 불평등에 바탕을
둔 것인가?

서로 다른 돌들로 짓는 하나의 집인가?

우정이란, 눈먼 두 영혼이 손잡고 바보처럼 킬킬대며 걷다가
마침내 실망의 깊은 수렁으로 떨어져 내리는 것인가?

두 영혼이 참된 기쁨과 즐거움이 있는 곳을 향해 서로 다르지
만 조화로운 걸음으로 나아가며, 동의하거나 동의하지 않기도 하
며, 각자가 더욱 환하게 밝아질 때, 우정은 고결하고 성스러운 열
매를 맺는다.

상대를 희생시키면서 제 욕심을 채우려는 일이 결코 없을 때,
그 무욕無慾의 정원에서 향기로운 우정이 피어난다. 두 영혼 사이
에서 태어난 혼혈아, 서로 다른 두 꽃이 불어오는 사랑의 미풍에
실어 보내는 혼합된 향기가 우정이기 때문이다.

우정은 은밀하고 설명할 수 없는 취향의 속고갱이에서 태어 난다.

우정은 서로 같음과 서로 다름 안에서 자란다.

우정은 상대를 허물없이 함부로 대하는 가운데 잠들어버리거나 죽는다.

그리고 편협한 안목에서 시든다.

우정은 몸과 마음과 영혼으로 하나 된 토양에서 자라고 튼실해진다.

명령, 속임수, 소유에 대한 인색함, 예절의 결핍, 편협한 자기사랑, 의심… 이런 것들은 우정의 심장을 갉아먹는 암세포들이다.

아, 우정! 하늘에서 태어나 꽃 피우는 식물! 서로를 위해 길을 닦아주는 두 영혼이 함께 앞으로 나아가며 나누는 측량할 수 없는 사랑의 토양에서 당신은 양분을 섭취한다. 그리고 지극히 깊은 마음의 안팎에서 듣는 달콤한 이슬과 사랑어린 관심의 물을 마신다.

아, 우정! 아름다운 두 영혼으로 피워낸 꽃들이 지는 바로 그 자리에서, 그 신성한 향기의 사원寺院에서, 바라건대 모든 친구들의 우정이 계속해 피어나기를!

우정 본능

온갖 다툼으로 갈라진 인간을 하나로 통합하려는 하느님의 시도가 당신의 가슴에서 우정이라는 본능(friendship instinct)으로 나타난다.

전생前生에서 사귀던 친구들, 어쩐지 첫눈에 몸과 마음과 영으로 친숙함이 느껴지는 그런 친구들을 되찾는 일에 노력을 아끼지 말라. 물질적으로나 정신적으로 이득 보려는 마음을 넘어서야 전생에서 비롯된 우정이 신성한 우정으로 완전해진다.

가슴의 성전에서 신성한 우정이 높은 자리를 차지할 때, 당신의 영혼은 자기를 하느님의 다른 모든 피조물로부터 떨어뜨려 놓는 온갖 굴레들을 멀리 떨쳐버리고 드넓은 우주 영혼으로 녹아들어갈 것이다.

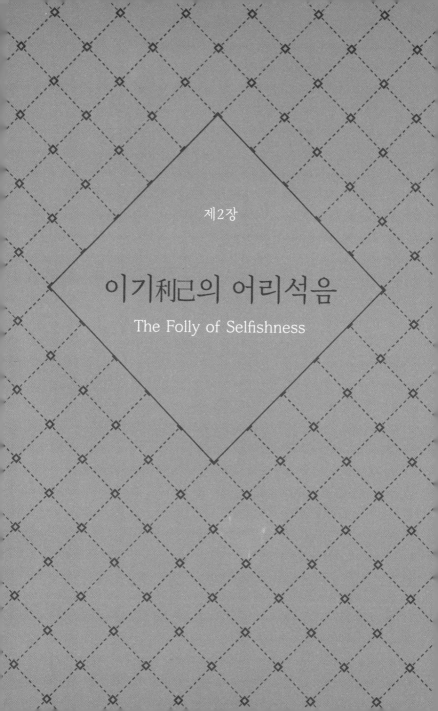

제2장

이기적인의 어리석음

The Folly of Selfishness

심판

험담을 좋아하거나 오랜 버릇처럼 남에 대해 안 좋은 말을 할 때마다 자신 또한 하늘 아버지에게서 같은 방식으로 심판받으리라는 것을 기억하라. 당신이 무엇을 주든지 같은 것이 당신에게 돌아올 것이다. 당신이 남의 허물을 들춰내면 하늘의 법이 신기하게도 당신의 은밀한 허물을 만천하에 들춰낼 것이다.

누군가에 대한 험담은 당사자를 결코 치유하지 못한다. 오히려 그를 화나게 하거나 절망과 수치심으로 빠져들게 할 따름이다. 나아가서 그가 오기를 부려 나쁜 짓을 계속하게 만들 수도 있다. 이런 말이 있다. '한쪽 귀 잃은 사람은 잃어버린 귀를 감추고 성한 귀만 보여주려고 마을의 변두리를 돌아간다. 그러나 두 귀를 모두 잃은 사람은 마을 한복판을 버젓이 걸어간다. 사람들에게 감출 것이 없어서다.'

자신의 허물이 과하게 노출된 사람은 두 귀를 모두 잃은 사람처럼 자포자기로 부끄러운 줄 모르고 좀더 나아지려는 노력을 아예 하지 않는다. 사람에게 상처가 될 정도로 심한 비판을 하지 말아야 하는 이유가 여기에 있다.

'남들을 심판하지 말고 자신을 심판하라.' 누군가의 허물을 큰소리로 말하는 게 그토록 재미있거든 본인의 은밀한 허물을 큰소리로 말하고 나서 자기가 어떻게 되는지를 살펴보라. 자신의 허물을 드러내고 1분도 견뎌낼 수 없으면서 다른 사람의 허물 들추기를 즐길 수는 없는 노릇이다.

소문으로 퍼져버린 누군가의 허물은 부풀려지게 마련이고, 사람들은 그럴 수밖에 없었을 상황은 외면한 채 그를 비난하고 저주할 준비가 되어있다. 물론 드물기는 해도 허물이 공개되는 것을 두려워해 몸조심하는 경우도 있다. 그러나 일단 허물이 공개되면 작은 허물은 더욱 커지고, 그래서 훨씬 큰 허물을 가진 사람들이 오히려 거리를 확보하게 된다.

자신의 내밀한 오점이 있거든 부지런히 그것을 씻어내고, 남의 오점을 말하고 다니는 데 시간을 낭비하지 말라. 나서서 남을 심판하는 사람들은 자신의 내밀한 약점을 세밀히 들여다보려고 하지 않는다. 그들은 자기가 항상 옳기 때문에 남들의 허물이 보이는 거라고 생각한다. 그런 어이없는 연막煙幕 뒤에 숨지 말라. 자신의 허물에서도 자유롭지 못하면서 남들을 그 허물에서 벗어나게 해줄 수는 없다.

오직 친절하고 슬기롭고 완벽한 균형을 이룬 사람만이 남들의 허물에 대해 말할 위치에 있다. 인과응보의 법에 따라서, 누군가를 친절로 심판하면 당신도 모든 생명을 은밀히 다스리는 '진실의 원리'로부터 같은 심판을 받게 될 것이다. 그러나 누군가를 불친절하게 심판하면 당신도 남들로부터 같은 심판을 받게 되고, 그로 인해 비참해질 것이다.

남의 약점을 들춰내 사람들을 당황스럽고 부끄럽게 만드는 것은 지혜가 아니다. 누군가의 잘못을 가혹하게 심판하는 것은 죄를 지은 그 사람도 그 문제로 고통 받는 하느님의 자녀라는 사실을 잊어버린 것이다. 죄는 미워하되 죄인을 미워해서는 안된다. 그가 뭘 몰라서, 그래서 실수한 자신의 형제이기 때문이다. 누군가를 심판할 경우 그 유일한 목적은 그에게 분노를 쏟아내는 것이 아니라 그를 치유하기 위한 것이어야 한다. 잘못한 사람을 대할 때는 같은 잘못을 저지른 자신이 사람들로부터 받고 싶은 것과 똑같은 대우를 해야 한다. 우리가 남을 심판하는 바로 그 방식으로 신성한 하늘의 법이 우리를 심판한다.

불친절

친절하지 않은 말은 오랜 우정과 집안의 화합을 파괴하는 살인자다. 입술에서 불친절한 말을 영영 지워버리고 집안 살림을 안전하게 지키라. 진솔하고 달콤한 말은 목마른 영혼들에게 주는 감로수다.

순결하고 정중한 말로 겉옷을 입어라. 우선 가장 가까운 사람에게 정중하라. 그럴 수 있을 때 다른 모든 사람에게도 습관적으로 친절하게 될 것이다. 진정한 가정의 행복은 이해 깊고 친절한 말의 제단이 바탕이다.

누군가에게 친절하다는 것이 반드시 그의 생각에 동의한다는 것은 아니다. 비록 생각이 다르더라도 언제나 침착하고 정중한 태도를 유지하라. 화내고 소리 지르는 것은 자신의 약함을 보여주는 것이고, 거친 야생마 같은 성질과 말투를 제어하는 것은 자신의 강함을 보여주는 것이다. 밖에서 어떤 자극이 오더라도 품위를 잃지 말고 조용히 침묵하거나 친절하게 말하면서 거친 언행보다 친절이 더 강하다는 것을 보여주라. 당신이 베푸는 친절과 용서의 부드러운 빛 앞에서 원수들의 쌓인 증오가 봄눈처럼 녹을 것이다.

신경질

신경질은 신경계가 제대로 통제되지 않는 데서 온다. 어떤 생각이 온통 마음을 사로잡고 있는데 그 생각에 신경계가 반발할 경우가 있다. 사람이 화가 나는 건 있을 수 있는 일이지만 그렇다고 지나치게 화내거나 흥분해서는 안된다. 화를 낼 이유가 있어도 자신을 통제할 수 있다면 그 사람은 자기 삶의 주인이다.

툭하면 화를 내거나 자기연민(self-pity)에 빠지는 일이 없어야 한다. 그것들은 신경질을 조장할 뿐이다. 당신은 무언가에 불만을 품을 수 있고, 누구도 그걸 모르게 할 수 있다. 스스로 자신의 내면을 살펴서 신경질의 원인을 제거하는 것이 최선이다.

많은 사람이 스스로를 불쌍히 여기는 자기연민이 적지 않은 위로가 된다고 생각한다. 그러나 자기연민은 아편 같은 중독이다. 중독자는 아편을 복용할 때마다 안 좋은 버릇으로 더 깊이 빠져든다. 자기연민에 강철같이 저항하라.

신경질의 불길이 가슴에 들어오는데도 그냥 두면 마침내 그것이 자신의 평화로운 마음을 불태울 것이다. 신경질은 평화를 깨뜨리려는 사탄의 하수인이다. 그것을 알고 자신을 통제할 수 있어야 한다. 신경질이 가슴에 찾아올 때마다 평소에 부르던 평화의 신성한 노래로부터 멀어지게 된다. 신경질이 찾아오면 다른 누구를 탓하지 말고 자신의 감정을 다스리라. 그에 대한 책임을 스스로 지라. 그것이 신경질을 물리치는 최선의 방법이다.

파괴적 비판

비판에는 두 종류가 있다. 건설적 비판과 파괴적 비판이 그것이다. 어떤 사람이 당신의 비판을 듣고 불쾌해져 화를 낸다면 그것은 파괴적인 비판이다. 친구가 도움을 청하면서 자기를 비판해달라고 부탁할 때 그의 영혼을 일깨우는 조언을 하면 그것이 건설적 비판이다. 건설적 비판은 사랑어린 방식으로 이루어진다.

자기 자신을 완벽하게 비판하게 되기 전까지는 다른 사람을 예리하고 친절하게 비판하는 것이 쉽지 않다. 남의 허물을 자기 허물처럼 연민어린 태도로 선명히 바라볼 수 있을 때, 그때 하는 비판은 옳은 비판일 수 있다.

속으로 은밀하게 하는 비판이 말로 하는 비판보다 고약하다. 누군가를 속으로 말없이 비판하는 것이야말로 어리석은 바보짓이다. 다른 사람을 안 좋게 보는 모든 시선을 자신의 마음에서 깨끗이 청소하라.

사랑어린 눈길로 비판하고, 짤막한 암시로 비판하고, 상대가 원할 경우 될 수 있으면 간단하게 몇 마디 말로 비판하라. 같은 말을 두 번 이상 되풀이하지 말라. 자신의 사랑어린 비판이 상대방 영혼의 밭에 뿌려지는 씨가 되게 하라. 그가 그 씨를 잘 배양하면 그만큼 좋아질 것이다. 누가 어떻게 했으면 좋겠다는 자신의 생각을 절대로 그에게 강요하지 말라. 때에 맞는 바른 비판은 사람들에게 많은 도움을 줄 수 있다.

자기 내면의 눈에서 무지의 비늘이 벗겨질 때 다른 사람들의 장점과 단점이 정확하게 보일 것이다. 당신은 너그러워지는 법뿐만 아니라 다른 사람들의 좋은 점을 크게 보고, 심리적으로 온전치 못한 그들의 일부는 모른 척하는 법을 배워야 한다.

우리는 어떤 상황에서도 자신의 잘못을 용서한다. 그런데 어떤 상황에서도 다른 누구의 잘못을 용서하지 않는 까닭이 무엇인가?

스스로 잘못을 저질렀을 때 우리는 그것을 광고하지 않는다. 그러면서 다른 누가 잘못했을 때는 곧장 그것을 세상에 알리려 든다.

신성한 사랑이 마음을 점령하면 당신은 신성한 비판자가 될 것이다. 신성한 비판자는 자기 자녀들이 더 나은 존재가 되게 해주려는 유일한 목적으로 그들을 바로잡아주는, 그리 유쾌하지 않은 임무를 다하는 치료사다.

질투

자신은 본디 수수한데 예쁜 여자한테 샘이 난다면 스스로 매력적인 사람이 되기 위해 다양한 방법으로 외모를 가꾸라. 그보다 좋은 건 진실성, 착한 마음, 매혹적이고 전염성 강한 미소, 섬세한 교양, 아무리 까다로운 사람의 입맛에도 맞춰줄 수 있는 실력으로 얼굴보다 영혼을 채우는 것이다.

자신을 진짜 아름답게 해주는 것이 무엇인지를 기억하라. 쓸모없는 영혼에 아름다운 몸은 토실한 살갗 뒤에 숨겨진 해골일 뿐이다. 영혼 없는 사람처럼 살고 행동하는 것은 죽은 시체로 사는 것과 같다.

다른 사람의 용모에 샘이 나거든 진화된 영혼의 온갖 품성들로 자신의 영혼을 꾸밀 수 있기까지 내적 수련을 계속하라. 맑고

환한 웃음으로 얼굴을 아름답게 가꾸라. 깨끗한 양심, 반듯한 처신, 아무도 해치지 않는 마음, 자신의 안과 밖을 상냥한 미소로 단장하라.

건강한 사람을 보고 샘이 나거든 자신의 몸이 건강해질 때까지 정밀하고 착실하게 모든 건강법을 수련하라. 질투에도 건설적인 질투와 파괴적인 질투가 있다. 건설적인 질투가 자신을 분발시켜 괜찮은 결과를 가져오게 된다면 좋은 일이다. 사업을 잘하는 친구한테 샘이 나서 자신도 사업에 성공하려고 가능한 모든 방법을 동원한다면 그건 유익할 수 있다. 그러나 조심하지 않으면 건설적인 질투가 파괴적인 질투로 쉽게 바뀐다. 파괴적인 질투는 멍청해서 질투하는 본인은 물론 질투하는 대상까지 해칠 수 있다.

아첨과 진실

진실을 말하는 건 언제나 좋다. 그러나 진실을 불쾌하게 말하는 것보다 유쾌하게 말하는 것은 더 좋다. 발 저는 사람에게 '이봐, 절름발이!'라고 부르면 사실이긴 하지만 듣는 사람은 기분 나쁘다. 누구에게 상처가 되는 말은 하지 않는 게 옳다. 비판이 필요 없는 자리에서 비판하는 건 안 좋지만, 친절한 비판에 귀를 기울이는 건 본인에게 유익하다. 엄하지만 진실한 비판을 웃으면서 듣고 진심으로 고마워하는 모습은 참으로 칭찬받을 만한 태도다.

아첨이 듣는 사람에게 바른 행동을 격려한다면 좋을 수도 있지만, 그 마음에 상처를 입히거나 그 영혼에 독을 주입한다면 치명적으로 나쁜 것이다. 많은 사람이 자기도 모르게 독 있는 꿀 먹듯이 아첨하는 말을 좋아한다. 또, 자기 허물에는 핑계를 대고 영성 생활을 무너뜨릴 수 있는 심리적 부스럼은 감추려 한다.

남들의 아첨이나 스스로에게 속삭여주는 위로의 말은 귀를 즐겁게 해준다. 그러나 사람의 지혜가 독 있는 말에 종종 갇히는 수도 있다. 친구라는 자의 아첨하는 말에 속아 돈과 시간과 건강과 품위까지 잃는 경우도 있다.

한 성자에게 그를 끊임없이 비판하는 친구가 있었는데 제자들 눈에는 여간 보기 싫은 존재가 아니었다. 어느 날 제자 하나가 와서 그에게 말했다. "스승님, 그토록 스승님을 헐뜯기만 하던 자가 죽었답니다." 그러자 스승이 울면서 말했다. "나의 가장 훌륭한 도반이 갔다니, 가슴이 무너지는구나."

많은 사람들이 진솔한 비판보다 아첨하는 말을 택한다. 그리하여 솔직한 영적 교사들의 충고를 피해 기꺼이 자기를 바윗돌에 내던진다. 그러니 누가 달콤하게 아첨하는 말을 하거든, 그때마다 자신에게 물어보라. '너 지금 달콤한 말에 속아서 네 지혜를 남의 손에 잡히도록 내주려는 건 아니지?'

기억하라

하느님을 사랑하면서 가까이 있는 누구를 불친절하게 대할 수는 없다. 분노로 가득 차 있으면서 하느님을 사랑할 수는 없다. 다른 사람들을 어떻게 대하는지가 자신의 내면 의식을 비추고 그것을 만들어간다.

내 곁의 피조물을 사랑할 수 없는데 하느님의 사랑을 받을 수 있다고 상상하지 말라. 그분을 사랑한다면 모든 것 안에 계신 그분을 사랑해야 한다.

오, 사랑의 샘물이여, 사랑하는 이들을 향한 우리의 가슴과 사랑이 당신의 없는 곳 없는 사랑으로 흘러넘치는 것을 우리가 느끼게 하소서. 강물처럼 흐르는 온갖 욕망들의 위대한 원천이여, 잠시 있다 사라지는 감각의 쾌락을 좇다가 거친 사막에서 실종되지 않도록 우리를 가르치소서. 우리의 연민과 애정과 사랑의 작은 시냇물이 황량한 이기심의 가뭄 속에서 메마르지 않도록 우리를 축복하소서.

제3장

친구 되는 법
How to Be a Friend

3장 친구 되는 법 37

섬김이 우정의 열쇠다

친구로서의 품성을 기르라. 그래야 참된 친구들을 끌어당길
수 있다. 서로 쓸모가 있을 때, 상대가 낙심하면 위로하고, 슬퍼하
면 같이 슬퍼하고, 곤경에 처하면 적절한 조언을 해주고, 물질이
궁하면 힘닿는 데까지 도와줄 때, 그때 진정한 우정이 지속된다.
상대의 행운을 함께 기뻐하고 어려움을 함께 견디며 헤쳐 나가는
동안 참된 우정이 점점 두터워지는 것이다. 친구의 행복을 위해 자
기를 희생한다는 생각 없이, 보상을 바라지도 않고, 기꺼이 자신의
이익이나 즐거움을 양보하는 것이 우정이다.

절대로 친구를 비꼬지 말라. 특별히 격려할 필요가 없으면 추
켜세우지도 말라. 그가 잘못할 경우에는 동의하지 말라. 진정한 우
정은 친구가 잘못된 길로 빠져들 때 모른 척하지 않는다. 그렇다고
그와 말다툼하라는 얘긴 아니다. 친구가 조언을 구하면 상냥한 어
조로 하고 싶은 말을 해주라. 바보들이나 싸운다. 친구들은 서로
다른 것을 두고 토론한다.

아무도 신뢰하지 않고 진정한 우정의 가능성을 의심하는 사
람들이 있다. 실제로 어떤 사람은 친구가 하나도 없다고 자랑스럽
게 말한다. 친구와 우정을 맺는 데 실패했다면 자기 확장의 신성한
법, 자기 영혼을 위없이 높은 영으로 성숙할 수 있게 해주는 그 법
을 좇지 않은 것이다. 다른 누구의 심금을 울리지 못하는 사람, 자

신의 사랑과 우정을 다른 영혼의 경계까지 확장하지 못하는 사람의 의식은 우주 의식으로 펼쳐나갈 수 없다. 인간의 가슴을 품지 못하면서 어떻게 우주의 가슴을 품을 수 있겠는가?

환경이 중요하다

주변 환경과 주위에 있는 사람들이 무엇보다 중요하다. 안팎으로 자신을 에워싼 환경이 습관을 통해 자기 인생을 통제하고, 기호와 습성을 만든다. 현재 주변 환경과 갈등하고 있다면 그것은 과거 자신의 의식적·무의식적 행동들로 인한 것이다. 굳이 탓한다면 다른 누가 아니라 자신을 탓해야겠지만, 그에 대해 죄의식이나 열등의식을 가질 것은 없다. 시련은 당신을 파멸시키려는 게 아니라 하느님과 좀더 친밀한 사이가 되게 하려고 오는 것이다. 시련은 하느님이 내리시는 게 아니다. 자신이 스스로 만드는 것이다. 당신이 해야 할 일은 무지로 빚어진 환경에서 자신의 의식을 되살려내는 것뿐이다.

하느님이 심판하시는 것은 인간의 내적 환경이라는 사실을 기억하라. 그러기에 사람은 성자들과 어울리면서도 죄인일 수 있고, 범죄자들과 어울리면서도 성자일 수 있는 것이다. 누가 죄인이냐 성자냐는 대체로 그가 어울리는 사람들을 통해 결정된다. 어떤 죄인이 성자들 곁에 살면서 자기 인생을 바꾸기로 마음먹는다면 그는 분명 달라질 것이다. 반면에 영적인 사람이 별 생각 없이 사악한 무리와 어울리면 저도 모르게 나쁜 물이 들 것이다. 아주 어려서부터 외부 환경에 대한 반응을 통해 자신의 내적 환경이 조성된다. 그 내적 환경과 정신적 습관이 거의 자동으로 우리의 처신을 유도하는 것이다.

행복한 환경을 조성하는 비결

사랑받기를 원한다면 먼저 당신의 사랑이 필요한 사람을 사랑하라. 남들이 자신에게 연민을 베풀어주기를 원한다면 먼저 주변 사람들에게 연민을 베풀라. 남들에게서 존중받고 싶으면 젊은이 늙은이 할 것 없이 모두를 존중하는 법부터 배우라. 남에게서 받고 싶은 것이 있다면 먼저 자기 자신한테 주라. 그러면 다른 사람들도 그것을 당신에게 줄 것이다.

남들이 자신을 완벽하게 대접해주기를 바라기 쉽다. 그들의 허물을 보는 것도 쉬운 일이다. 그러나 스스로 완벽하게 처신하고 자신의 허물을 보는 것은 쉬운 일이 아니다. 만일 당신이 바르게 행동하는 법을 기억하고 실천한다면 다른 사람들이 그것을 본받아 그대로 할 것이다. 만일 당신이 열등감 없이 자신의 허물을 보

고 그것을 고치려고 끊임없이 노력한다면, 남들이 바르게 처신하
기를 바라기만 하는 것보다 유용할 것이다. 희망보다, 거룩한 진노
보다, 간곡한 말보다 좋은 모범이 다른 사람들을 훨씬 더 많이 변
화시킬 수 있다.

스스로를 개선하려 애쓸수록 그만큼 주변 사람들을 높이 끌
어올려줄 것이다. 자신이 행복해지는 만큼 주변 사람들도 행복해
진다.

좋은 이기利己, 나쁜 이기利己

자신의 행복을 위해 다른 사람을 행복하게 해주는 것을 인생
의 으뜸 목표로 삼으라. 자신이 이기적이지 않다는 착각으로 우쭐
거리지 말라. 언제 어디서나 무언가를 하는 까닭은 자신을 즐겁
게 해주려는 것이라고, 다른 누구를 행복하게 해주는 일로 자신
을 더없이 즐겁게 하려는 것이라고 여기라. 자신이 먼저 '이기적
(selfish)'인 너그러움을 수련하지 않고서는 다른 사람에게 이기적
으로 처신하지 않는 법을 가르칠 수 없다.

당신이 무엇을 하든 그것은 같은 것을 자신에게 끌어당긴다.
당신이 이기적인 모범을 보이면 다른 사람들도 당신을 이기적으
로 대할 것이다. 자기 보존은 하나의 본능이다. 그러나 하느님은

당신에게 기억과 지능과 상상력으로 남의 어려움을 헤아리게 해
주셨다. 인생길에서 누구를 만나든 그 사람을 돕는 데서 자신의 행
복을 찾으라.

　나쁜 이기利己는 모쪼록 피하라. 개인적으로든 국가적으로든
온갖 문제의 뿌리가 거기에 있다. 다른 사람의 이기에 반대해 자신
의 이기를 지키려고 처음에는 주먹을 쓰고 칼을 쓰다가, 다른 집단
의 이기에 반해 자기 집단의 이기를 지키려고 지금은 총을 쏘고 미
사일을 발사하고 독가스를 살포한다. 국가적 이기가 개인의 이기
못지않게 사악하다는 것을 인류가 깨치지 않으면 더 큰 고통이 지
구를 삼킬 것이다.

　최고의 안전장치는 다른 누군가를 향한 자신의 선한 의지에
있다. 당신이 만일 모든 사람 가슴에서 보좌에 앉는다면 그것이야
말로 가장 위대한 왕권이다. 백 사람이 사는 마을에서 서로 이득을
취하려고만 한다면 한 사람이 아흔아홉 적들을 둔 셈이다. 반대로
서로가 서로를 도우려고 한다면 한 사람한테 아흔아홉 친구들이
있는 것이다. 예수님은 모든 사람을 위해 당신의 몸을 버리셨다.
그래서 지금도 영원한 삶을 즐기고 계신다. 자신의 모든 것을 기꺼
이 내어주고 영적 안녕과 행복을 추구하셨던 것이다.

세계 가족

당신은 세계 가족의 일원이며 외따로는 존재할 수 없다는 사실을 기억하라. 자신에게 필요한 무언가를 생각할 때는 다른 사람들도 생각해야 한다. 남들은 제쳐두고 자신만 생각하는 것은 잘못이다. 한 국가는 작은 공동체들 위에 서고 공동체들은 개인들 위에 선다. 원수가 있더라도 그 또한 자신의 이웃임을 기억해야 한다. 모든 사람이 한 식구다. 하느님이 우리 아버지시고 우리 모두 그분의 자녀들이기 때문이다.

만일 손발의 안녕만 생각하고 머리를 돌보지 않는다면, 뇌가 당신을 잘 섬기지 못할 것이다. 당신은 마땅히 온몸에 필요한 것을 제공해야 한다. 마찬가지로, 한 나라의 머리 또는 지도자는 그 나라의 손발 또는 노동자들과 화합을 이루어야 한다.

우리가 정말로 소유하는 것은 없다. 언제고 사고를 당하거나 도둑을 맞거나 닳거나, 아니면 죽어서 모든 것을 잃어야 한다. 그저 잠시 빌려 쓰는 것이다. 무언가가 자신에게 주어졌으면 그것이 얼마 동안만 자기 것이라는 사실을 명심하라. 어떤 것도 집착해서는 안된다. 때 되면 사랑하는 사람도 당신 곁을 떠날 것이다. 그들이 아직 곁에 있는 까닭은 다른 사람을 섬기고 그들과 함께 나누는 법을 배울 기회를 당신에게 주기 위해서다.

'참 자아'는 자기 내면에 있는 '위없이 높은 영'의 표현이다. 자신의 '참 자아'를 위해서 하는 모든 일을 '좋은 이기(Good Selfishness)'라고 부를 수 있겠다. 어떤 행동으로 '참 자아'의 순수 이미지가 실현되면, 그런 행동들로 좋은 이기利己가 형성된다. 나쁜 이기란 자신의 에고를 위하는, 그래서 '참 자아'가 원하는 바를 거역하는 것이다.

'마음을 다해 하느님을 사랑하라.' 그리고 '이웃을 내 몸 사랑하듯이 사랑하라.' 이 두 계명을 지키면 다른 계명들은 소용없어질 것이다.

어떻게 원수를 친구로 삼을 것인가

당신을 사랑하지 않는 사람을 사랑하도록 수련하라. 당신에게 호감이 없는 사람들을 좋게 느껴보라. 저 자신한테만 너그러운 사람들을 너그럽게 대하라. 원수에 대한 증오를 쌓아두면 자신도 그 원수도 자기 영혼에 내재된 아름다운 품성을 인식할 수 없다.

원수의 비위를 맞춰줄 것까지는 없다. 그냥 말없이 사랑해주라. 필요할 때마다 그를 조용히 섬기라. 사랑이란 행동으로 옮겨질 때 비로소 참된 것일 수 있기 때문이다.

만일 당신의 겸양과 사과謝過가 원수의 좋은 성품을 위해 필요하다면 기꺼이 어떤 방식으로든 사과하라. 그럴 수 있는 사람만이 영적으로 발전할 수 있다. 진솔하고 우아하게 사과할 수 있는 사람은 영적으로 성숙한 사람이다. 열등의식은 사람을 과장된 자만自慢 뒤로 숨게 만든다. 그러나 괜한 사과와 겸양으로 못되게 구는 자들을 부추기는 일은 없어야 한다. 그들의 실체를 똑바로 보고, 자신의 이상理想에 실용實用을 기하라.

전생의 친구들 알아보기

날마다 보는데 별 느낌 없는 사람들이 있을 것이다. 그들을 사랑하고 그들에게 맞춰주는 법을 배우라. 처음 보는데 오래 알고 지낸 느낌이 드는 사람들이 있다. 전생에 그들이 친구였음을 암시하는 것이다. 그들을 무시하지 말고 기회가 닿으면 사귀라. 그들을 눈여겨보고도 마음이 분주한 나머지 지나쳐버리지 않도록 하라. 그들이 아주 먼 과거에 맺었던 우정에 끌려 당신에게 다가오는 것일 수도 있다. 그들은 당신 영혼의 빛나는 보석들이다. 이 밝은 영혼 은하계에서 마침내 당신은 환하고 맑게 웃는 '위대한 친구(the Great Friend)'를 만날 것이다. 그는 고상하고 참된 친구의 모습으로 변장하고 나타나 당신을 도와주고 감화시키고 안내하는 하느님이시다.

괴팍한 성질과 이기심은 전생의 친구들을 멀어지게 하고 다정한 우의友誼는 그들을 끌어당긴다. 그러니 언제나 너무 가깝지도 멀지도 않게 그들을 대하는 것이 좋다. 한두 친구가 자신을 속이더라도 그리 마음 쓸 것 없다.

사람은 저마다 자기 나름대로 육체적·정신적 아름다움에 대한 기준이 있다. 이 사람 눈에 추해 보이는 것이 저 사람 눈에는 예쁘게 보일 수 있다. 사람을 많이 만나다보면 누구는 곧장 눈에 들어오는데 누구는 그렇지 않다는 걸 알게 된다. 어떤 사람의 내면이나 외모가 마음을 끌어당긴다면 그가 전생의 친구였음을 알아본 것일 수 있다. 전에 사랑했던 사람이 과거에 맺었던 우정으로 자신에게 다가오는 것이다.

외모의 아름다움에 속지 말라. 어떤 사람의 얼굴이나 걸음걸이, 그러니까 그 사람의 어느 한 부분이 눈길을 끌어당기는 것은 아닌지 스스로에게 물어보라. 때로는 과식이나 교양 없는 행동거지가 사람의 용모를 흉하게 만들고, 그러면 그는 당신의 관심 밖으로 밀려날 것이다. 아름다운 여인이 못생긴 남자와 연애에 빠질 수도 있고 잘생긴 남자가 볼품없는 여인을 사랑할 수도 있는데, 그것들이 모두 전생의 인연 때문일 수 있다는 얘기다.

전생에 친구일지 모르는 사람의 겉모습에 속지 않으려면 그와 자신의 취향이 비슷한지를 확인해보라. 자신과 그의 기호와 성향이 근본적으로 같은지 알아보려면 그의 마음을 깊이 들여다보고, 사소한 외적 특성 때문에 선입견을 갖지 않도록 조심하라. 이번 생에서 우정을 유지하고 그것을 '신성한 우정(Divine Friendship)'으로 완성하려면 전생의 친구들을 찾으라. 그런 완성을 한 번의 생에서 충분히 이룰 수는 없다.

자신의 완성된 우주적 우정의 천개天蓋 아래로 과거, 현재, 미래의 영혼들과 분주한 별들과 쏙독새와 벙어리 바위들과 반짝거리는 바닷모래들이 모두 모인 것을 볼 때, 그때 우정에 대한 당신의 목마름은 영원히 해소될 것이다. 아울러, 숱한 환생을 통과하며 진화하는 방랑을 마치고 마침내 집으로 돌아온 당신을 '신성한 친구(Divine Friend)'가 기쁨으로 맞아줄 것이다. 그리하여 '그분(He)'과 영원한 우정의 지복으로 녹아들 것이다.

하늘에 계신 아버지! 본디 우리의 사람인 이들을 모두 우리에게 보내주십시오. 그들을 찾아 천하 만물과 친구가 되고, 마침내 당신과도 짝이 되게 해주십시오.

자신의 사랑을 모두에게 펼치라

친척이란 우리가 피붙이라고 생각하는 사람들이다. 친척을 사랑하는 것이 우리 의식을 확장시켜 모든 사람을 하느님 안에서 친척으로 사랑할 수 있게 도와준다. 친족이나 낯선 사람이나 모두가 하느님 안에서는 친척이기 때문이다. 만일 자신의 직계가족만 사랑한다면 그만큼 좁은 울타리에 그리스도 의식을 제한하는 것이다. 자신의 이웃을 한 가족으로 여기고 사랑할 때 그만큼 그리스도 의식을 널리 실현하는 것이다. 사랑하는 사람에게 느끼는 감정으로 똑같이 만인을 사랑할 때 그리스도 의식이 자신에게서 온전히 실현된다.

길에서 울고 있는 형제나 외로운 자매를 보고 자신의 아픈 가슴이 그들에게 가닿을 때, 그 길을 통해 자기 의식이 참되고 무한한 그리스도 의식으로 확장되는 것이다.

스승인 스리 유크테스와르Sri Yukteswar께서 한번은 내게 물으셨다. "자네는 사람들(people)을 사랑하는가?" 내가 말씀드렸다. "아닙니다, 저는 하느님만 사랑합니다." 스승님이 말씀하셨다. "그걸로는 안된다네." 한참 뒤에 그분이 다시 물으셨다. "자네는 사람들을 사랑하는가?" 이번에는 빙그레 웃으며 말씀드렸다. "저한테 묻지 마십시오." 그분은 이제 내 사랑이 사람의 말에 담길 수 없을 만큼 넓어진 것을 아셨다. 그분도 그냥 빙그레 웃으셨다.

자기에 갇히지 않는 사랑

무한하신 이와 하나가 되면 더 이상 자신을 에고로 알지 않는다. 다만 인생의 온갖 파도들이 그 너머 바다 없이는 일어날 수도 춤출 수도 없음을 알 뿐이다. 이번 생의 어떤 것들에 너무 집착하면 하느님을 잊게 될 것이다. 그래서 우리가 무언가를 상실했을 때 자기를 벌하는 대신 혹시 무한하신 이보다 작은 무언가를 더 사랑하지 않았는지 스스로를 되돌아보는 것이다.

영성을 기르려면 먼저 그리스도의 한결같은 정신을 좇아야 한다. 그리스도처럼 십자가에 달려 죽어야 한다는 말이 아니다. 그러나 온갖 쓸데없는 욕망은 마땅히 십자가에 못 박아야 한다. 많은 사람들이 하느님의 선물을 기다리고 찾는다. 그러나 지혜로운 사람은 온갖 선물을 주시는 분, 하느님을 찾는다. 당신이 제아무리 사람들을 즐겁게 해준다 해도 얼마 후면 사람들은 당신을 잊을 것이다. 당신의 동상을 세울 수도 있겠지만 그것을 쳐다보며 당신의 업적을 기억하는 사람은 거의 없을 것이다.

사교성은 물론 장려할 만하다. 그러나 그 때문에 수많은 사람들을 개인적으로 알고 친하게 지내야 한다는 건 아니다. 그리스도 의식(Christ-Consciousness)은 자신의 사랑 안에 모든 것을 포용한다. 바로 그 의식이 예수의 몸에서, 그리고 수많은 위대한 스승들의 몸에서 구현된 것이다. 그 의식을 얻기까지는 아무것도, 누구도 심판하지 말라. 그 의식으로 하는 심판은 언제나 친절할 것이고, 실제로는 그저 단순한 평가(appraisal)가 될 것이다.

우정의 부름

만물에 하느님이 살아 숨 쉬신다. 우리는 몇 년쯤 미국인 또는 다른 나라 사람으로 살 수도 있겠지만, 실은 영원한 하느님의 자녀들이다. 영혼은 사람이 만든 경계에 갇히지 않는다. 영혼의 민족은 위없이 높은 영이고, 영혼의 나라는 없는 곳 없는 곳이다.

우선 자신의 가족을 자신처럼 사랑하라. 사람이 자기를 사랑하는 것은 타고난 본능이다. 그러나 다른 누구를 자신만큼 또는 자신보다 더 사랑할 때 사람이 영적으로 자라게 된다. 다른 누구보다 자신을 더 사랑하는 것은 그만큼 스스로 에고에 갇히는 것이다.

누구든 좀더 성숙한 사람이 되려면 세 단계를 거쳐야 한다. 자신보다 가족을 더 사랑하고, 가족보다 민족을 더 사랑하고, 민족을 사랑하는 만큼 세계를 사랑해야 한다.

자신에게 진실하고 남들에게 진실한 친구가 되면 하느님과 우정을 맺게 될 것이다. 남에게 친절하지 않으면, 오직 그것을 통해서만 영혼이 위없이 높은 영으로 성장할 수 있는 자기 확장의 신성한 법을 어기는 것이다. 다른 사람들 가슴에 감동을 주지 못하는 사람, 자기 사랑과 우정의 왕국을 다른 영혼의 영토에까지 확장시키지 못하는 사람은 자기 의식이 우주 의식으로 넓어지기 어렵다. 진정한 우정은 영혼들을 온전히 하나 되게 하여, 위없이 높은 영과 그 품성들을 밖으로 뿜어낸다. 그 신성한 우정이 가슴의 신전에서 맨 윗자리를 차지할 때, 하느님의 온갖 생명 있거나 생명 없는 피조물로부터 자신을 떨어뜨려놓는 '경계 짓는 굴레들(confining bonds)'을 멀리 등지고서, 당신의 영혼은 광대한 우주 영혼(Cosmic Soul)에 융합될 것이다.

사랑의 경계를 넓히는 묵상

스스로에게 말해주라. "내 사랑의 왕국은 영토를 넓혀야 한다. 그동안 나는 다른 어떤 것보다 내 몸을 더 사랑해왔다. 그래서 나를 내 몸에 일치시키고 제한해왔다. 이제부터 내 몸을 사랑하는 바로 그 사랑으로 나를 좋아하는 모든 사람을 사랑하겠다. 나를 좋아하는 사람들을 사랑하는 확장된 사랑으로 내 편에 속한 사람들을 모두 사랑하겠다. 나 자신과 내 편에 속한 사람들을 사랑하는 그 사랑으로 낯선 이들을 사랑하겠다. 내 모든 사랑을 쏟아서, 나를 좋아하는 이들을 사랑하듯이 나를 좋아하지 않는 사람들도 사랑하겠다. 나의 이타적인 사랑으로 모든 영혼을 적시겠다. 내 사랑의 큰 바다에서 가족들, 마을 사람들, 나라 사람들, 그리고 온갖 피조물이 헤엄칠 것이다. 창조된 모든 것, 살아있는 온갖 미물微物이 내 사랑의 파도를 타며 춤출 것이다."

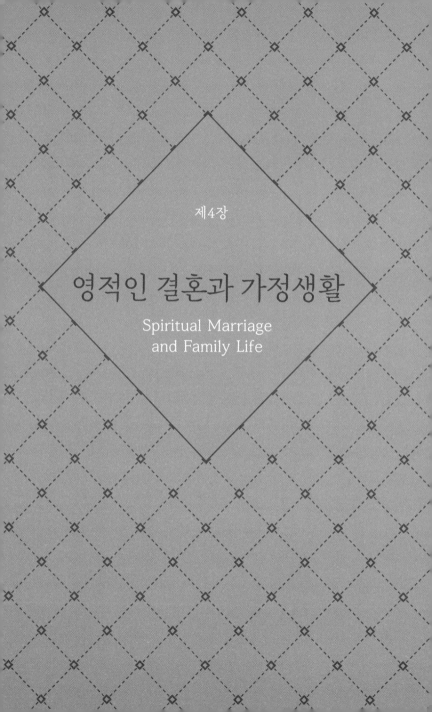

제4장

영적인 결혼과 가정생활

Spiritual Marriage
and Family Life

영적인 결혼 이루기

✿

어떻게 인생의 배우자를 고를 것인가

인생의 배우자를 고를 때 무엇이 자기를 자극하는지에 대해 알아야 한다. 대체로 사람들은 상대의 이런 점들에 영향을 받는다.

① 육체적 매력
② 심리적 매력
③ 정신적 매력
④ 직업의 유사성
⑤ 도덕적 성향
⑥ 비슷한 이상(꿈)
⑦ 정서적 성향
⑧ 물질적 욕구
⑨ 사회적 신분
⑩ 영혼의 부름

많은 젊은이들이 정서적으로 비슷한 특징이 있는 상대와 결혼한다. 정서적 일치가 적절한 결혼을 위해 중요한 요인 가운데 하나인 것은 분명하다. 그러나 그것이 전부는 아니다. 둘 사이에 내적 일치가 이루어지지 않으면 정서적 일치는 깨질 수 있다.

한 젊은이가 말한다. "내가 그녀를 사랑하는 건 그녀도 나처럼 축구를 좋아하기 때문이다. 내가 그녀를 사랑하는 건 그녀도 나처럼 술담배를 하고 정찬正餐을 즐기기 때문이다. 내가 그녀를 사랑하는 건 그녀도 나처럼 영화를 좋아하고 추리소설을 즐겨 읽기 때문이다." 이렇게 말하는 젊은이도 있다. "내가 그녀를 좋아하는 건 그녀도 나처럼 음악과 시와 사업을 좋아하기 때문이다."

같은 일을 서로 좋아해서 결혼하는 사람들이 있다. 그들은 말한다. "나는 영화배우다. 그녀도 영화배우다. 그래서 나는 그녀를 사랑한다."

요즘은 자기가 하는 일에 관심 있는 배우자를 만나는 게 상당히 중요해졌다. 의사나 변호사가 자신들이 만나는 환자나 의뢰인을 질투하는 배우자와 결혼하면 곤란해진다.

머리 좋은 남자는 지능이 뛰어난 여자와 결혼하지 않는 게 좋다. 둘 사이에 언쟁이 벌어지기 쉬우니까. 그런 남자는 배우자가 자기보다 지능이 높은 것을 질투하게 마련이다.

예쁘장하고 고분고분하고 무식하고 자기만 바라보는 여자를 좋아하는 남자들이 있다. 잘생긴 용모에 이끌려 결혼하는 젊은이들도 있다. 그러나 아름다운 용모에만 이끌려 하는 결혼은 대부분 갈라지고 만다. 아름다운 품성이 뒷받침하지 않을 경우 제일 먼저 무너지는 게 육신의 아름다움이다. 눈에서 콩깍지가 벗겨지면 그 예쁘던 얼굴이 추해지기 시작한다.

사람들은 원하는 것을 얻지 못하기도 하고 원치 않는 것을 얻기도 하면서 살아간다. 물론 외모의 아름다움이 인생에서 빼놓을 수 없는 것이긴 하다. 그러나 육신의 아름다움보다 훨씬 더한 것이 정신의 아름다움이다. 순결의 속옷과 지혜의 겉옷을 입고, 달콤한 말로 단장하고, 끝없이 무조건적인 사랑이 몸에 밴 영혼들은 끊임없는 자력磁力으로 자기 짝을 끌어당긴다.

돈이나 사회적 신분을 보고 결혼하지 말라

어떤 남자들은 돈 많은 과부와 결혼하려 하고 어떤 여자들은 돈 많은 홀아비하고 결혼하려 한다. 그러나 돈 때문에 하는 결혼은 오래 못가 흔히 비난으로 끝난다. "당신 내 돈 보고 결혼했군!" 돈 좋아하는 사람은 사업으로 돈을 벌 일이다. 결혼이라는 수단으로 쉽게 부자 될 생각을 해서는 곤란하다. 여자의 돈 때문에 결혼한 남자는 평생 비굴한 감정을 가슴에 안고 살아야 한다. 이렇게 말하는 여자를 보았다. "나는 돈 보고 그 남자와 결혼했습니다. 그러나 그는 아주 못된 남편이에요. 꼭 필요한 데 돈을 쓰는데도 돈을 많이 쓴다며 매를 들기도 한답니다."

사회적 신분 때문에 결혼하는 사람들도 있다. 결혼을 해서 높은 자리로 올라갈 생각은 하지 말라. 자신의 실력을 길러서 돈도

벌고 사회적 위상도 높이라. 그러면 저절로 사회의 이목을 끌게 될 것이다. 다른 누구의 명성에 기대 출세하려고 하지 말라.

짜릿한 기분을 맛보려고 결혼하지 말라

간혹 짜릿한 기분을 맛보려고 결혼하는 젊은이들이 있다. 그들은 별똥별처럼 결혼하고 별똥별처럼 이혼한다. 어떤 사람들은 금단의 열매를 맛보고 싶어서 결혼한다. 부잣집 딸이 아버지 승용차 운전기사와 달아나 결혼하는 걸 보았다. 그러나 그녀는 아버지의 명을 어기는 짜릿한 스릴이 끝나자 신혼여행에서 돌아오는 길로 곧장 남편한테서 달아났다.

한번은 어느 커플이 내게 자신들과 함께 3600미터 상공에서 낙하산을 타고 내려오며 결혼식 주례를 해달라고 부탁했지만 사양했다. 그들은 다만 대중의 인기를 맛보고 싶어서 결혼하겠다는 것이었다. 그렇게 한 순간 뉴스의 주인공이 되었지만 대중의 열광이 시들해지자 금방 이혼했다. 내가 물었다. "왜 그런 일에 그토록 많은 경비를 들였던 거요?" 그들의 답은 간단했다. "우리는 모험을 해서 잡지 표지에 나올 수만 있다면 뭐든지 할 겁니다." 나는 그런 괴상한 결혼에 동의하지 않는 두 번째 이유를 그들에게 말했다. "낙하산이 펼쳐지지 않으면 하늘에서 부서진 두 해골의 결혼을 주례해야 할 것 아니겠소?" 고등학교 학생들 가운데도 이런 짜릿한 기분 때문에 결혼하겠다는 친구들이 있는 것 같다.

감각의 쾌락을 위한 사랑

영혼의 행복을 탐색하던 구도자가 갑자기 내면에 잠재된 감각적 쾌락에 대한 습관적 사랑에 사로잡히는 경우가 있다. 그렇게 되면 내면의 지혜로 그려진 영원한 행복의 금빛 희망이 허망하고 쓸데없는 것처럼 여겨진다. 그리하여 그는 생각한다. '지금 이렇게 뻔히 보이는 지상의 행복을 포기해야 한다면 다른 무엇이 아무리 멋진 장래를 약속한다 해도 그게 무슨 소용인가?' 이렇게 자신의 감각적 욕망에 동조하며 그는 생각을 계속한다. '나의 분별하는 힘과 감각적 쾌락 사이에서 곤혹스러운 전쟁을 벌이느니 차라리 자기통제와 악에 저항하는 힘을 무장해제하고 유혹의 칼로 영적 행복을 죽이리라.'

구도자라면 이런 거짓된 합리주의에 빠져들지 말아야 한다. 감각적 쾌락은 익숙하겠지만 훨씬 열등하며, 영혼의 지복은 아직 오지 않았지만 훨씬 우월하다. 그런 쾌락을 단념하기 두렵다는 생각으로 자신을 기만하지 말라. 모든 구도자가 의기소침하지 말고 오히려 열등한 감각적 쾌락을 영혼의 무궁한 즐거움으로 바꿀 수 있어야 한다.

그러니 명료하게 말하라. "아니다!" 유혹에서 벗어날 이유를 따로 궁리할 것 없다. 의심할 것 없이 당신에겐 이미 영혼의 기쁨이 감각의 쾌락보다 우월한 것임을 깨치는 데 필요한 정보가 충분하다. 이제 남은 것은 어떻게 자신의 잠재의식을 상대할 것이냐

다. 여기에 필요한 것이 강한 확신이다. 이 대목에서 이성은 자기 파멸을 불러올 수 있다.

지속적인 결혼생활 유지하기

결혼을 결심하기 전에 깊이 생각하라. 결혼생활을 견뎌낼 수 있겠다는 확신이 들기 전에는 결혼하지 말라. 젊은 남녀는 자기들이 영적으로 하나라는 사실에 동의할 때까지 육체관계를 맺으면 안된다. 많은 남자와 여자 들이 외모에 눈먼 사랑에 빠져 결혼한다. 그러다가 욕정의 안개가 걷히면 배우자의 진면목을 보고 대개는 구역질을 한다. 그리하여 배드민턴공처럼 이혼법정으로 달려가는 것이다.

남편과 아내 들이 상대의 도덕적 성향에 환멸을 느껴 상호존중을 잃을 때 그들은 서로 사랑하기를 관둔다. 젊은이들이 결혼하고 나서도 계속 자신의 도덕적 성품을 발전시키면 그만큼 오래 결혼생활을 지속할 수 있을 것이다.

많은 커플들이 고상한 이상을 품고 다른 사람들을 가르치고 설교하고 영감을 주고 싶은 마음에 결혼한다. 그런데 아내가 자기보다 더 많은 추종자들의 존경을 받으면 남편은 그것을 질투한다. 반대도 마찬가지다.

아내와 남편들은 진정한 이상理想을 향해 자신의 사랑을 발전시켜 나가야 한다. 그러면 그 둘의 사랑이 하나인 신성한 불꽃으로 타오르기까지 계속 자랄 것이다. 아내 눈에 남편이 자신의 고상한 이상을 모독하는 것으로 보일 때 그 남편은 아내의 사랑을 잃을 것이다. 이상이 사랑의 샘일 때 그 이상이 시들면 사랑의 샘물도 마르게 마련이다. 결혼한 부부가 그들의 고상한 이상을 집에서, 사회에서, 세상 속에서 계속 발전시키면 자신들의 사랑이 마침내 하느님의 이상적인 사랑으로 변할 때까지 끊임없이 성장할 것이다.

완벽한 합일을 지향하여

젊은이들은 결혼하기 전에 진정한 영적 조언을 들어야 한다. 그리고 오랜 세월 숙련된 경험자들의 안내를 받아야 한다. 결혼하기 전에 무엇보다도 자기들의 만남이 영적인 차원에서 이루어진 것인지를 확인해야 한다.

진정한 영혼의 결혼은 태어나지 않고 죽지 않고 이유도 없는 상호간의 호감으로 이루어진다. 그것은 첫눈에 이끌리는 무엇이지만, 오래 지속된 전생의 신성한 구애求愛로 이루어진 결과일 수 있다. 영혼의 결합 안에서 부부의 조건 없는 사랑은 점점 더 깊어진다.

유사한 영혼들 사이에는 초자연적 친화력이 있다. 양전자와

음전자가 만나 백열등의 불을 밝히듯, 적극적인 영혼과 소극적(수
용적)인 영혼이 만나 갈수록 환해지는 사랑의 불을 밝힌다. 영혼의
사랑으로 짐승의 사랑을 대체해야 한다. 영혼의 화합이 결혼생활
의 원천이어야 한다.

진정한 결혼은 신성한 사랑을 인간적으로 실현하려는 사람들
만을 위한 것이다. 이는 매우 어려운 일이다. 거의 모든 결혼이 욕
정의 지배를 받는 작은 사랑(a little love)으로 이루어지기 때문이
다. 그런 경우 사랑의 자리를 섹스가 차지한다. 그럴 때 조건 없는
참사랑은 가슴에서 급히 사라진다. 반면에 참사랑이 커지고 육체
적 욕망이 줄어들면 인간의 사랑이 신성한 사랑 안으로 흡수된다.
그리하여 자기들이 몸으로만 사랑하는 게 아니라 인간적인 사랑
의 틀 안에서 하느님을 사랑하고 있는 것임을 깨치게 된다.

결혼한 두 사람의 인간적인 사랑은 그 목적을 신성한 사랑의
실현에 두지 않으면 결코 오래 지속될 수 없다. 신성한 사랑이 없
으면 결혼한 커플이 서로를 존중하는 데 실패하고 결혼생활은 파
탄에 이른다. 성적 매력, 총명함, 미모, 돈, 문화적 자력磁力만으로
는 두 영혼을 하나로 묶어놓을 수 없다. 아무리 서로에게서 완벽한
사랑을 원한다 해도 그 동기와 행동 전반에서 신성한 사랑이 실현
되지 않으면 그것은 불가능한 일이다.

자력磁力과 매력

자력과 매력은 끌어당기고 밀어올리고 펼쳐내는 힘이다. 이것은 위없이 높은 영의 특성이다. 우리는 간혹 이런 말을 듣는다. "자력이 너무 강해서 나에게 영감을 주고 내 의식을 넓혀주는 그런 친구를 만났어." 이것이 우리 모두가 바라는 매력이다. 이는 최면처럼 단순히 마비시키는 것이 아니라 우리 의식을 넓혀주는 힘이다.

모든 어머니들이 딸에게 영적인 자력을, 지혜와 이해와 사려깊음과 진정으로 배우려는 마음과 어떤 일에도 대처할 수 있는 능력의 옷을 입힌 영적 매력을 가르쳐야 할 것이다. 영적인 자력이 영적인 친구들을 끌어당긴다.

결혼이 필요 없을 때

결혼보다, 또는 괜히 서로 맞지도 않는 두 사람을 엮어놓으려고 하는 것보다 좋은 것이 있다. 한 영혼이 하느님과 하나가 되는 것이다. 영혼이 물질에 빠져들면 그만큼 불화와 불행을 맛볼 것이다. 그러나 사랑과 기쁨과 온전한 만족에 굶주린 영혼이 완전하시고 모든 것을 사랑하시고 더없이 복되신 하느님을 향해 돌아설 때 진정한 영적 결혼이 이루어진다. 하느님이 신랑이고 모든 영혼이 신부다.

언제나 사람을 도취시키는 지극히 복되신 하느님과 맺어진 사람에게 결혼은 필요가 없다. 예수, 성 프란체스코St. Francesco, 스와미 샹카라Swami Shankara, 바바지Babaji가 결혼하지 않은 게 그 때문이다. 그들은 완전하신 하느님 안에서 완벽한 사랑, 완벽한 기쁨, 완벽한 짝을 찾았다. 그래서 결혼할 이유가 없었던 것이다.

결혼은 하느님을 찾는 기망적인(delusive) 방법이다. 신혼부부가 허니문의 달빛 아래 욕정과 감상에 젖어 영원한 사랑을 맹세한다. 그들이 죽으면 무덤 속에 묻힌 해골들 위로 달빛이 웃는다. 감상에 젖어 맹세한 것들이 지켜지지 않은 것을 웃는 것이다. 하느님만이 우리를 영원히 사랑하겠다는 당신의 약속을 지킬 수 있는 유일한 분이시다. 그런즉 자기 영혼이 '우주의 연인'과 합일하는 것이야말로 모든 영혼의 더없이 높은 목표라 하겠다. 하느님과의 합일만이 완전한 사랑과 영원한 만족을 인간에게 안겨줄 것이다.

잘못을 피하는 법

올바른 배우자를 선택하는 영적 방법은 깊은 명상 뒤에 간절히 기도드리는 것이다. "하늘에 계신 아버지, 저를 축복하시어 완전한 영혼의 결혼을 위한 당신의 법에 합당한 제 짝을 선택하게 해 주십시오."

여섯 달 동안 진심으로 이 기도를 드리면 자신에게 맞는 배필을 만날 것이다. 아니면 신성하신 아버지께서 당신이 잘못된 결혼을 하지 않도록 특별한 조치를 취하실 것이다.

결혼생활을 위한 이상적 요령

결혼을 생각하는 사람들은 둘의 적성이 서로 조화를 이루는지, 자신들의 사랑이 사회적 제반 여건 속에서 지속될 수 있는지 깊이 생각해보아야 한다. 그 사랑이 공동의 이상에 바탕을 두고 있는지도 알아보아야 한다. 자기의 도덕적 신조, 유전으로 물려받거나 스스로 만든 습성, 사업목표, 기호, 성향 그리고 정신적 동경에 어울리는 배우자를 찾는 것이다.

결혼하기 전에 예비 신랑이나 신부에게 자신의 직업과 사회적 활동을 솔직하게 밝히라. 그리고 상대가 자신의 습성이나 이상에 맞는지도 알아보라. 같은 방식으로 자신 또한 상대의 꿈, 성격, 이상에 적합한지를 탐색해보라.

결혼생활을 잘 유지하는 가장 큰 비결은 자기절제의 기술에 있다. 아내나 남편을 좀 더 정신적인 차원에서 사랑하는 법을 배우라. 상대를 육체로만 대하지 말고 가까운 친구로 사귀라. 그럴 수 있다면 배우자가 자신을 존중하고 성실히 대하고 사랑하게 하는 가장 큰 전쟁에서 승리할 것이다. 가끔은 한참 떨어져 있다가 만난 사이처럼 육체적으로 진실히 결합하는 것도 필요하다. 마음과 정성과 예절을 총동원해 몸을 섞으라. 그런 깊은 관계가 닳아서 시들해지면 성생활을 멈출 때가 된 것이다.

남편의 바람직한 행동 요령
아내의 충실한 사랑을 원하는 이상적인 남편이 지켜야 할 것들.

• 아내와 온종일 같은 방을 쓰지 말 것.
• 아내의 독립성을 침탈하지 말 것.
• 아내가 중요한 일을 하거나 친구와 함께 있을 때 방해하지 말 것.
• 잠잘 때 가능하면 각방을 쓸 것.
• 어느 때든지 아내를 비방하거나 비웃지 말 것.
• 어느 때든지, 특히 남들 앞에서 아내와 말다툼하지 말 것.
• 자주 아내와 함께, 가끔 아이들도 함께 외출해 문학이나 음악을 이야기할 것.
• 아내와 함께 하는 경험들을 물질적·정신적·영적으로 발전시킬 것.
• 아내와 함께 하는 경험들로 행복을 증진시킬 것.
• 몸을 단련하고, 자주 거친 음식을 먹고, 가능한 대로 아내를 주방에서 벗어나게 할 것.

- 집안 살림은 간편하게 하고 영성생활은 깊게 할 것.
- 절대 아내를 거짓말로 속이지 말 것.
- 아내의 부모를 욕하지 말 것.
- 건전한 책과 수준 높은 문학을 아내와 함께 읽을 것.
- 거친 말을 쓰지 말고 달콤한 말을 사용할 것.
- 아내를 정중하게 대하고 부드럽고 위엄 있는 어조로 말하고 진심으로 감사할 것.
- 아내의 생일과 결혼기념일을 기억해 그녀에게 필요한 무언가를 선물할 것.
- 아내를 질투하지 말고, 쓸데없는 잔소리로 비참하게 만들지 말 것. 사랑으로 아내의 눈길을 끌지 못하면 다른 무엇으로도 그녀를 잡아둘 수 없다.
- 아내에게 여자 친구들 선택할 자유를 주고, 아내의 친구들을 존중하거나 가능하면 좋아하는 법을 배울 것.
- 간단하고 검소하게 살면서 아내에게도 같은 삶을 살도록 영감을 줄 것.
- 저축을 성실히 하고, 사치스러운 일에 많은 돈을 쓰지 말 것.
- 아침저녁으로, 특히 밤에 아내와 함께 명상할 것.
- 성경이나 다른 경전들을 함께 읽을 것.
- 아내와 함께 노래와 찬미로 하느님을 기릴 것.
- 그 안에서 아내와 아이들이 함께 모여 하느님을 흠숭하고,

항상 기뻐하는 우주의식 안에서 하나가 될 수 있는 작은 방을 마련할 것.

아내의 바람직한 행동 요령

위에 열거한 남편의 일에 협조하는 것 말고, 다음 안내를 따르면 더 좋을 것이다.

- 남편이 편안함을 느끼게 해줄 것.
- 사랑으로 그에게 자기절제를 가르치고, 영성 공부를 통해 더 높은 도덕적 차원에서 그와 더불어 살아갈 것.
- 남편과 함께 명상을 하면, 남편이 그만큼 당신을 더 좋아할 것이다.
- 참한 행실로 그를 이기라. 힘이나 험한 말로 이기려 하지 말라. 자신의 이상적인 삶으로 그를 이기도록 노력하라.
- 남편을 처음 만났을 때처럼 평소에도 단정하고 예쁘게 차려입을 것.
- 친구들에게 절대로 남편 험담을 하지 말 것. 특히 아이들 앞에서 남편을 헐뜯거나 흉보는 일이 없을 것.
- 괜한 일에 잔소리하지 말고 침묵과 사랑으로 그를 가르치라.
- 남편이 집에 있을 때 혼자 두지 말고 함께 책을 읽거나, 글을 쓰거나, 노래를 하거나, 산책을 하거나, 명상을 하도록 유도

할 것.

- 갈수록 더욱 남편에게 쓸모 있고 재미있는 아내가 되려고
노력할 것.

- 건강하고 좋은 음식을 먹일 것. 거친 음식은 더 많이, 과자나
사탕은 덜 먹이기. 행복한 부부생활에 음식은 매우 중요한
역할을 한다.

- 남편이 도덕적으로 방황할 때는 바가지를 긁거나 심한 말로
비난하지 말 것. 우연히 남편의 결점을 발견하거든 그가 스
스로 고칠 때까지 큰 사랑과 친절한 관심을 보여주라. 당신
의 사랑으로 그를 변화시키도록 힘쓰라.

- 매일 명상 뒤에 기도하라. "아버지, 저와 남편이 당신의 온전
한 법을 좇아 갈수록 커지는 행복 안에서 몸과 마음과 영혼
으로 하나 되게 해주십시오."

이렇게 하여 이상적인 남편과 아내는 정신적이고 영적인 차원
에서 날마다 더 큰 사랑을 발견하고 더 친밀하게 하나가 되어 물질
과 육신에 덜 치우친 삶을 살게 될 것이다. 그리하여 하느님 안에서
해방의 길을 찾게 될 것이다. 그분 안에서 그들이 갈수록 커지는
기쁨의 사슬로 결합되어 다시는 떨어지지 않을 것이다. 각자 자기
영혼 안에서 하느님을 발견해 마침내 그분과 하나가 될 것이다.

결혼생활을 어렵게 만드는 것들

결혼은 육체적 차원뿐 아니라 정신적·영적 차원에서의 생식生殖을 위한 자연법이다. 더없이 높은 결혼의 목적을 기억하지 않고서는 부부가 영원한 행복을 발견할 길이 없다. 상대를 우습게 여길 만큼 과도한 친밀함, 예절의 결핍, 폭력적인 성관계, 의심, 해코지, 아이들이나 손님들 앞에서의 말다툼, 변덕, 자기 어려움을 남에게 떠넘기기, 짝에게 퍼붓는 분노… 이런 것들은 반드시 버려야 한다. 기억하자, 결혼은 실험실과 같다. 거기서 이기심, 못된 성질, 나쁜 습성의 독을 인내의 실험관에 붓고 끊임없는 선행과 사랑의 힘으로 중화中和시켜야 한다.

남자는 여자를 자기 것으로 삼을 때까지만 구애한다는 말이 있다. 한 아내가 무심한 남편에게 물었다. "여보, 당신 결혼하기 전에는 나에게 꽃도 선물하고 촛대도 사주고 하더니 지금은 왜 안 그러는 거예요?" 남편이 담배를 입에 물고 아내를 바라보며 답했다. "그걸 정말 몰라서 묻는 거요? 잡은 물고기한테 미끼를 던지는 미친놈이 어디 있소?"

이건 참 고약한 이야기다. 무심한 남편은 아내의 따뜻한 애정을 식히고 무뚝뚝한 아내는 남편을 시큰둥하게 만들기 때문이다. 생일과 다른 중요한 날들을 기억하는 신중함, 오래 전의 애정행각을 회고하는 일들은 일생 동안 지속되어야 한다. 애정이 묻어나는 꽃 한 송이, 혹은 친절한 말 한마디가 낡은 상처들을 치유할 수 있다. 적절한 몸짓과 친절이라는 옷을 누구보다 먼저 자신의 짝과 아이들에게 입혀주라. 집안에서 친절을 연습하면 그 친절의 자력으로 다른 많은 사람들을 끌어당길 수 있을 것이다.

결혼생활에서의 질투

질투야말로 결혼생활에 치명적이다. 아직 결혼하지 않았다면 건강하지 못한 질투를 보이는 사람하고는 결혼하지 말라. 직업이 의사, 목사, 변호사 또는 어떤 공공분야의 전문가라면 특히 질투하는 사람하고 결혼하지 말라. 질투심 많은 배우자는 당신의 안녕과 심리적 평안보다 사회에서 받는 당신의 명망에 더 많이 관심한다. 질투는 자기한테 몰입하는 사랑이다. 진정한 사랑의 뿌리를 서서히 갉아먹는다.

혹시 자신의 짝에 대한 질투심이 일어나더라도 결코 그것을 내보이지 말라. 남편이나 아내가 사람들의 함정에 빠지지 않도록 지켜주려고 질투를 한다면 그런대로 봐줄 수 있겠지만, 그 질투가 자신의 균형을 무너뜨리고 자신을 일종의 탐욕스러운 악마로 만들어버린다면, 자기 안에 있는 그런 성향을 사탄의 유혹에 넘어간 것으로 알고 단호히 잘라버리라.

만일 자신의 짝이 다른 누구의 호감을 사려고 무슨 짓을 하는 것 같아 질투심이 난다면 그에게 힌트나 경고를 주는 건 좋다. 그러나 그가 듣지 않으면 더 이상 말하지 말라. 질투하거나 화를 내거나 무엇을 강요하지 말라. 사람은 누구에게나 잘못도 할 수 있는 자유의지가 있다. 그러나 그가 목숨을 바칠 만큼 소중한 사람이라면 최선의 행실이라는 옷을 차려입으라. 더 많이 명상하고 더 많이 친절하고 더 많이 매력을 풍기고 더 많이 참아주고 그리고 더 많이 그에게 매력을 발산하라. 배우자의 눈에 들려고 겉모습을 단장하기보다 사랑의 영적인 힘을 더 많이 발산하라.

비록 자신의 사랑이 거절당하더라도 무례하게 성내지 말라. 더 큰 친절로 그를 '죽여라!' 그가 자신을 (어쩔 수 없어) 떠나더라도, 잔소리와 질투심에 진저리를 치며 염병을 피하듯 떠나게 하지 말고 속으로 아쉬워하며 떠나게 하라. 한때 서로 사랑하던 이들이 질투심에 등 떠밀려 서로를 미워하며 헤어진다는 건 누가 봐도 비극이다. 비록 자기 사랑의 실험이 결혼생활에서 실패로 끝났더라도 하느님의 자녀답게 친절하고 부드럽게 헤어질 일이다.

더 많은 관심과 신뢰와 친절과 사랑을 기울였는데도 상대의 질투가 치유되지 않으면 우의와 이해 속에서 헤어지며 이렇게 말하라. "우리는 나름대로 최선을 다했지만 우리 결혼생활은 성공하지 못했소. 그러니 여기서 헤어집시다."

질투는 결코 질투로 치유되지 않는다. 이 심술궂고 추한 심리적 습성에는 사랑이 최고의 만병통치약이다. 남들의 질투하는 모습이 역겨워 보이거나 그것이 사람들에게 끼치는 영향이 보기 싫거든 평화를 해치는 마음의 바이러스를 자기 자신부터 깨끗이 떨쳐버리라.

질투라는 병을 치료하는 법

남편과 아내가 상대를 겨냥해 성난 말과 무례함의 총알을 쏘아대지 않고 영혼을 위로하는 다정한 말로 서로를 격려한다면 행복한 가정생활을 창조하게 될 것이다. 불친절한 행동은 언쟁과 불화로 더욱 커진다. 영적인 바탕이 없는 부부간의 사랑은 오래 가지 못한다. 남편과 아내가 우정과 화합 속에 살고 싶다면 서로를 영적으로 섬겨야 한다. 이기적이지 않은 섬김과 우정의 바탕에서 진정한 사랑이 가능하다는 사실을 망각한 신혼부부는 얼마 못가 파경에 이르고 말 것이다.

두 영혼이 이상적으로 맺어질 때 그들의 사랑은 영적인 사랑으로 바뀌어 한 분 하느님의 사랑으로 영원히 등록된다.

질투가 실패하는 자리에서 사랑이 승리할 것이다. 자신의 사랑이 상대의 부서진 사랑을 치유하는 데 실패하더라도 질투의 악마를 불러들이진 말라. 그러면 둘 다 망가진다. 아내가 잘못된 길로 갈 때에도 키스해주며 '괜찮아지면 돌아오라'고 말한다면 둘 가운데 한 영혼만 길을 잃게 될 것이다. 그러나 무슨 수를 써서 아내를 징벌하고 저주한다면 두 영혼이 함께 길을 잃는 것이다. 아내는 영적 자살을 하는 것이고 자신은 뜨거운 난로 뚜껑에 앉아야 할 것이다. 질투가 얼마나 어리석은 것인지 아는가? 질투는 자기한테 눈먼 사랑이다. 진정으로 한 여인을 사랑했다면 그녀에게 총알을 박거나 평생 져도 모자랄 만큼 무거운 짐을 지워서 그녀를 파멸시킬 순 없다.

사랑으로 상대를 붙잡을 수 없다면 질투로는 더욱 그럴 수 없다. 배우자가 잘못되지 않도록 억지로 잡아두는 일에 성공했다고 생각하는 남편이나 아내는 상대의 몸을 가두는 데 성공했을 뿐, 그 영혼이 악의 늪지에서 헤매도록 내버린 것이다. 질투는 기만欺瞞을 낳고 사랑은 신뢰를 기른다.

자신의 이해와 사랑을 통해 배우자가 본인의 잘못에서 차츰 벗어나게 하라. 두 얼굴의 막 뒤에 숨어서 악행을 계속 짓게 하지 말라.

결혼의 고귀한 목적

영적 결혼은 하느님, 영, 영혼의 결합을 의미한다. 결혼은 사람이 제정한 법이 아니다. 하느님이 만드신 법이다. 사람들이 결혼의 고귀한 목적을 남용한다. 결혼은 육체, 정신, 영의 차원에서 하나 되는 것이다. 영적인 매력으로 사람을 끌어당기면 영혼의 동반자를 만나게 될 것이다.

인간적 사랑이 영적인 사랑으로 승화되지 않으면 그것은 영혼의 궤양潰瘍이 될 것이다. 자신과 배우자가 함께 영적으로 마음을 쓰지 않으면 결코 행복할 수 없다. 영적 결혼은 자신의 영혼을 하느님의 영원한 사랑에 결합시키는 것이다. 하느님 없이는 결혼에 성공할 수 없다. 결혼의 목적은 하느님을 알고 하느님 안에서 하나 되는 것이다. 불행하게도 이 진실을 많은 사람들이 망각하고 있다.

당신이 어떤 사람과 아무도 깨뜨릴 수 없는 우정, 억지가 없고 계속해서 자라는 우정을 맺을 때, 그때 참된 배우자를 발견한 것이다.

여자한테서는 감성이 가장 잘 표출되고 남자한테서는 이성이 가장 잘 표출된다. 남자와 여자가 결혼해 둘이 상대방의 숨겨진 이성과 감성을 표출하면서 각자가 좀더 완전한 인간으로 성장하게 된다. 감성과 이성은 신성한 성품인 꽃의 부드러움과 강철의 단단함으로 그 균형을 이루어야 한다.

하느님의 사랑은 모든 연인들의 겸비된 사랑보다 큰 사랑이다. 높은 수준의 명상을 배우면 진정한 영적 결혼에 성공할 수 있다. 무엇보다도 아름다운 사랑인 하느님과의 합일이 그것이다. 기억하라, 남편과 아내가 함께 하느님을 찾지 않으면 결혼의 진정한 목적을 이룰 수 없다. 결혼생활에서도 사랑은 서로를 섬김으로써 자란다. 남편과 아내가 하느님의 영감을 받아 서로를 섬길 때 그것이 참되고 영적인 결혼이다.

육체적 수준을 넘어 자기 영혼의 사랑을 계속 강화하는 사람들이 하느님과의 합일을 경험하게 된다. 두 사람의 사랑이 한 불꽃으로 타오를 때 그들은 영원한 성품에 도취된다. 자기절제와 정성스러운 영적 준비로 이루어지는 결혼이 두 사람을 해탈의 경지로 이끈다.

남자와 여자는 자기들 안에 무한하신 이의 배아胚芽가 있음을 알아야 한다. 진정한 영적 배필을 만나지 못했으면 결혼하지 말라. 하느님을 찾았으면 결혼은 필요 없다. 잘못된 결혼을 하는 것보다 독신으로 사는 게 훨씬 낫다. 부부의 사랑을 신성한 하느님의 사랑으로 전환하고 몸과 마음을 섹스의 영역에서 천상의 영역으로 돌리라.

자기 자신을 인류에 바치면 자신의 감성과 이성을 결합시킬 수 있을 것이다. 더 큰 가정을 꾸리면 그보다 작고 제한된 가정을 꾸리지 않아도 된다. 결혼하지 않고 독신으로 사는 모든 사람은 인생의 목적이 인류에 봉사하는 것이기 때문이다.

부부 사이에 자녀가 없으면 아이를 입양해 그에게 이상적인 삶을 가르치고 건강한 영혼의 품성을 심어주라. 아이의 영혼에 심어준 그것은 소멸될 수 없다. 당신이 삶을 지속시키려고 하는 행실, 예컨대 창조적인 어떤 행실은 어떤 의미에서 당신이 낳은 자식이다. 아무쪼록 인생의 진정한 목적을 완수하라.

섹스, 그 창조적 힘 바로 쓰기

영화靈化하고 변환시키는 창조적 힘

(아래 글은 도덕적 성품과 자기절제를 발전시키고 불행한 결혼생활에서 조화를 회복하고 잘못된 결혼과 이혼을 방지하기 위해 기록된 것임.)

사람에게 창조적 충동(creative impulse)이 있음은 분명한 사실이다. 그것은 종족 번식을 위해 자연이 사람 몸에 심어준 강력한 본능이다. 그러나 자연은 그것을 남용하거나 함부로 쓰는 사람들을 창조의 성스러운 방법으로 말없이 징계한다. '무화과 나뭇잎 심리'나 성생활에 연관된 수치심이 이 창조적 원리에 속된 베일을 드리우고 커다란 육체적·도덕적 고통을 세상에 불러들이는 것이다. 창조적 원리에는 두 겹의 목적이 있다. 하나는 사람을 성스럽게 하는 것이고 다른 하나는 미망에 빠지지 않도록 지켜주는 것이다.

생식기 부위의 신경계를 통해 이 본능은 생식뿐만 아니라 육체의 쾌락까지 맛보기를 원한다. 바로 이 창조적 본능의 힘을 잘못 사용하면 사람이 육체에 사로잡혀 감각의 끈적이는 진흙탕을 뒹구는 것이다.

반면, 창조적 본능의 힘이 척추의 낮은 데서 척추를 타고 위로

끌어올려져 이마 양미간에 집중되면 영적 깨달음이라는 소산所産
(offspring)을 낳게 된다. 결혼한 부부가 자녀를 한둘 낳았으면 그
때부터는 영적으로 사귀고 생산하는 법을 공부할 일이다.

영적인 자녀를 낳고 싶은 부모라면 본인의 마음을 진화시킬
준비가 되어있어야 한다. 자기들 몸의 정자와 난자로 이루어진 신
전神殿에서 고귀한 영혼이 결합하기를 바라는 마음으로 잠자리에
들고, 성교하는 동안에도 생각을 아래로 내려 보내 욕정에 일치시
키지 말고 양미간으로 올려 보내 거기서 성스러운 창조를 지향하
게 해야 한다.

결혼한 사람이 육체로만 살 때, 그때 간음을 저지른다. 그렇게
살면 머잖아 상대가 지루해져 염증이 나고 마침내 갈라서게 된다.
창조의 수단인 섹스를 목적 자체로 만드는 데서 간음이 생겨나는
것이다. 자연의 창조적 본능은 재생산을 위한 수단이다. 그것을 감
각의 쾌락을 위한 유희로 낭비해서는 안된다. 남편과 아내는 자기
들의 결합을 본능과 영의 결합, 지성과 감성의 결합으로 인식해야
한다. 두 사람의 성교는 원론으로는 영적 결합을 위한 수단이고,
부차적으로 육적 쾌락을 위한 수단이다.

성숙한 커플은 오직 정신적 사랑으로 육체의 갈망을 만족시
키고, 순수한 사랑에 도취된 영적 마당에서 교합을 이루어야 한
다. 사랑과 육체적 방종의 비율은 사랑이 클수록 그만큼 육체의 방
종이 작아지고 그 반대도 마찬가지다. 남편과 아내가 서로 마주볼

때마다 육체의 욕정보다 순수한 사랑이 느껴져야 한다. 그러지 않으면 피차 지루함과 염증과 증오의 수렁으로, 그러다가 마침내 헤어짐의 수렁으로 나아가게 된다.

　　남편은 아내를 새로운 영혼을 만들고 돌보는 깨끗한 신전으로 여겨야 한다. 신전은 온갖 불결한 생각들로부터 자유로워야 한다. 잠자리를 하는 동안 두 사람의 마음은 한 영혼을 어머니 몸의 신전으로 끌어당기는 자력으로 작용한다. 그리고 생각은 갈 곳을 찾는 민감한 영혼들을 초대하는 데 집중된다.

　　힌두 경전들은 난자와 정자의 결합 안에 영혼이 들어오는 문이 있고, 그 문으로 생기生氣가 작용한다고 말한다. 그때 진동이 낮은 수준의 욕정으로 울리면 고상한 영혼들이 그 문을 통과할 수 없다. 그들은 바람직하지 않은 장소로 서둘러 환생하기보다 기다리는 쪽을 택한다. 모든 남편과 아내들이 자신들 세포의 신전으로 성스러운 영혼을 초대하려면 육체뿐만 아니라 정신적·영적으로 합력해야 한다. 결혼한 부부는 선한 영혼이 와서 함께 살도록 초대해야 한다.

　　육신의 욕정을 좇아 노닥거리는 것은 말 못할 삶의 기쁨을 노름으로 날려버리는 것과 같다. 자신의 창조적 충동을 사랑, 배려, 동정, 결단, 열정, 고요 그리고 깨달음 같은 영적이고 지성적인 품성들을 닦는 데 쓰면서 맛보는 희열에 견줄 때 육체 결합에서 오는 순간의 쾌락은 실로 아무것도 아니다.

결혼생활에서 상대방의 견해를 존중하고 너그러이 받아주는 것이 두 사람을 행복으로 데려간다. 사랑은 너그러움, 용서, 신뢰 안에서 자라고 질투로 사그라진다. 사랑은 거리를 둔 가까움(distant closeness)에서 살아나고 잘못된 친숙함(wrong familiarity)에서 잠들어버린다.

남편과 아내는 서로에게 충실하고 언제 어디서나 상대를 행복하게 해주려고 노력해야 한다. 영적인 아내는 영적이지 않은 남편을 포기하지 말고, 영적인 남편도 영적이지 않은 아내를 포기하지 말고, 될 수 있으면 서로에게 좋은 영향을 끼치도록 노력해야 한다.

창조적 충동 조절하기

창조적 충동은 자연발생적인 것이다. 인간의 결함이 아니다. 종족 번식을 위한 자연스러운 충동을 절제 못하는 사람들이 사회적으로 비난받을 짓을 하지만, 그들은 충동에 지배당하지 않고 충동을 통제하는 법을 못 배운 사람들이다. 아무리 지적으로 또는 의학적으로 교육을 받아도 사람이 그런 지식으로 본능을 통제할 수는 없다. 여기, 자기절제를 위한 몇 가지 실습 방법을 소개한다.

① 육식肉食을 안 하거나 적게 하고 채소, 열매, 과일을 더 많이 섭취한다.

② 사람이 창조적 충동을 네 가지 방법으로 사용할 수 있음을 이해한다.

- 섹스를 통해서 그것이 남용될 수 있다. 지나친 성행위는 몸을 약하게 만들어 수많은 육체적·정신적 질병을 불러들인다.

- 자녀를 생산하는 데 쓸 수 있다.

- 덜어내기와 변환을 통해 창조적 에너지를 생각하는 능력으로 바꾸어, 그것으로 지혜롭고 천재적인 영적 '자녀'들을 낳을 수 있다. 누구든 예술, 발명, 사업, 문학 같은 관심 분야에 마음을 쏟을 수 있고 창조적 에너지를 두뇌에 연결시킬 수도 있다.

- 스포츠나 다른 육체적 단련에도 창조적 에너지를 사용할 수 있다.

③ 누구든지 의식적 호흡으로 창조적 에너지를 생식기 부위에서 골수骨髓 쪽으로 끌어올릴 수 있다. 신체의 생식기 부위에 의식을 모아 깊게, 그리고 천천히 거기서 비롯되는 숨을 생각한다. 숨을 들이쉬면서 아래로 향하는 생기生氣가 위로 끌어올려지는 것을 상상한다. 생식기관으로 들어온 숨이 척추를 통해 위로 올라가서 양미간에 닿는 모양을 상상하는 것이다. 거기 양미간에 숨을 멈추고 속으로 열둘(또는 더 많이)을 세는 동안 양미간과 척수의 생기

저장소로 우주의 생기를 흡수한다. 그런 다음 숨을 끝까지 내쉬고 휴식하면서 몸속의 모든 에너지를 완전히 이완하라.

눈을 감고 위의 방법으로 세 번 호흡한다. 숨을 내쉬고 휴식하는 동안 몸속의 모든 에너지가 육체의 창조적 본능과 함께 빠져나가는 것을 상상한다.

이것들은 인도의 위대한 경전들이 가르치는 내용이다.

결혼한 사람들과 결혼하지 않은 사람들에게 주는 몇 가지 힌트

① 마음의 본능적인 힘으로 몸을 통제하라. 바람직하지 않은 육체적 욕망은 생각을 다른 흥미로운 일로 돌려 마음속에서 지워야 한다.

② 바람직하지 않은 창조적 충동들이 먼저는 심리적으로, 그리고 생리적으로 통제되어야 한다. 본능적 충동에 대한 통제가 몸의 안팎으로 동시에 이루어져야 한다.

③ 눈과 촉감 등으로 성적 충동을 자극하는 모든 행위를 외면하라.

④ 바람직하지 않은 이야기를 듣거나 말하는 자리를 피하라. 누가 음담패설을 할 때는 맞장구치지 말라. 자신의 창조적 충동을 비속한 생각들로 저도 모르게 키우지 말라.

⑤ 건전한 의학서적을 통해 생식기능의 생리를 바르게 이해하라.

⑥ 소년과 소녀, 남자와 여자 들이 육체적 욕망이 아니라 순결하고 성스러운 우정으로 사귀어야 한다.

⑦ 결혼한 커플은 자기 배우자하고만 춤을 추는 것이 가장 좋다.

⑧ 자기 수련을 쌓고 자신의 창조적 충동을 온전히 제어하는 사람은 그 온유함으로 영적 깨달음의 힘을 일깨울 수 있다. 이야말로 더없이 높은 덕목이다. 결혼은 육체적 욕구를 만족시키기 위해서가 아니라 영혼의 재결합을 위해서 하는 것이다.

⑨ 독신의 규범을 어기지 않고 혼자 사는 사람들은 결혼할 마음이 있을 경우, 진정한 영적 동반자를 끌어당기는 강한 자력磁力을 지닌다. 그렇지 못한 독신자들은 잘못 인도된 창조적 본능으로 안 좋은 배우자를 끌어당길 수 있다. 잘못된 결혼생활이나 무분별한 독신생활로 영적 자력이 상실되었더라도 명상을 통한 재충전 수련으로 회복할 수 있다.

⑩ 결혼하지 않은 사람들은 창조적 본능의 힘을 자기 안에 있는 영혼의 힘에 결합시킬 수 있다. 만일 자기 안에 있는 여성의 육체적 충동과 남성의 영적 힘을 결합시킬 줄 안다면 구태여 이성異性과 결혼하지 않아도 될 것이다.

⑪ 결혼하지 않은 사람들이 평생의 반려를 찾을 때는 본인의 판단만 의존하지 말고 부모나 직관을 지닌 지혜로운 어른들과 의논해야 한다.

영적인 아이 끌어당기기

한번은 결혼한 부부가 나에게 와서 영적인 자녀를 낳고 싶다고 했다. 나는 그들을 위해서 기도하고 사진 한 장을 보여주며 이 영혼이 그들에게 적당하겠다고, 그리고 그가 다시 땅에 태어날 준비가 된 것 같다고 말해주었다.

"이 사진을 보면서, 특히 그 눈을 보면서 기도하고 그를 당신들 집안으로 초대하시오. 그리고 하나 더, 앞으로 여섯 달 동안 잠자리를 하지 마시오. 금욕생활이 두 사람의 영적 자력을 키워줄 것이오. 여섯 달이 다 되면 동침하는데, 그 아이를 생각하면서 하시오. 동시에 하느님도 생각하시오. 이렇게 하면 그 아이가 당신들 몸에서 태어날 거요."

그들은 내 조언을 착실하게 지켰고, 얼마 뒤에 그 영혼이 그들 집안에 태어났다.

회임懷妊

회임하는 순간에 영혼이 자궁으로 들어온다. 정자와 난자가 하나로 결합하는 순간 하늘에서 빛이 번쩍인다. 환생할 준비를 갖춘 영혼들이 대기하고 있다가 그 번쩍이는 빛에 자신의 진동振動

이 맞으면 서둘러 자궁으로 들어간다. 때로는 두세 영혼이 동시에 들어가는데, 그렇게 해서 쌍둥이가 태어나는 것이다.

그러므로 높이 고양된 의식으로 두 사람이 성행위를 하는 게 중요하다. 하늘에서 번쩍이는 빛이 두 사람의 의식 상태, 특히 성교하는 동안의 의식 상태에 반응하기 때문이다.

부모와 자녀들

부모의 사랑과 자녀들

하느님은 완전한 사랑이시다. 그를 본받아 빚어진 인간은 그분 사랑의 반영反影이다. 인간들은 하느님한테서 생겨났지만 물질로 이루어진 자녀들이라 길고 보이지 않는 그분 사랑의 끈에 묶여 있고, 바로 그 끈으로 그분이 인간들을 끌어당기신다. 이기적이고 사악할 때 사람은 하느님한테서 자기를 떨어뜨리려고 한다. 진실하고 순수한 사랑을 할 때 그는 잠재의식의 도움을 받아 끌어당기는 보이지 않는 사랑의 끈에 자동으로 끌려간다. 하느님은 당신 자녀들이 멀리 떨어져나가는 것을 허락하셨더라도, 사랑의 문을 항상 열어놓고 집으로 돌아오는 그들을 언제까지나 기다리신다.

하느님은 당신이 자녀들에게 주신 선물인 자유의지를 그들이 잘못 사용하리라는 것을 내다보셨다. 그래서 그분은 잘못한 자녀들을 보호해주는 슬기로운 아버지 노릇을 포기하지 않으신다. 그분은 이성적인 아버지가 되는 것으로 만족하지 않고 자애로운 어머니가 되어, 조건 없는 사랑으로 그들이 순수한 사랑의 길을 되짚어서 돌아오게 도와주신다. 하느님은 또한 부모들이 부부간의 사랑을 순결하게 하고 이기적인 사랑의 한계를 넘어서게 하려고 그들이 사랑하는 자녀가 되시기도 한다. 신성한 사랑은 결합된 두 영혼의 가슴에서 자식의 가슴으로 흘러들어갈 때 더욱 크게 확장된다.

물론 이 말은 모든 사람이 인간의 사랑을 신성한 사랑으로 완성하려고 결혼해야 한다는 뜻은 아니다. 한 영혼이 명상 속에서 위없이 높은 영과 '결혼'할 때, 인간의 사랑이 신성한 사랑으로 변환될 수 있다. 영혼은 명상을 좋아한다. 더없이 큰 기쁨이, 사랑이신 위없이 높은 영과의 합일이 명상 속에 있기 때문이다. 누구든 진지하게 명상하면 마침내 순수하고 신성한 사랑을 자기 삶에서 실현할 수 있을 것이다.

부모와 자녀들의 관계

부모와 자녀들의 관계는 사랑이신 하느님이 정해놓으신 엄정하고 지울 수 없는 법이다. 그분이 부모의 사랑을 통해서 우리를 자녀로 태어나게 하신 것이다. 그러기에 우리는 오직 사랑을 통해서만 하느님께 돌아가는 길을 찾을 수 있다. 부모와 자녀들의 사랑은 그 안에서 인간의 사랑이 완전한 사랑으로 변형될 수 있는 실험실이다. 하느님이 부부 사랑을 통해 당신을 나타내시면 그 사랑이 자식을 위한 희생적인 사랑으로 확장되며 순결해진다.

　부모와 자녀들이 그들의 관계가 우연이 아니라 신성한 계획에 의해서 이루어진 것임을 기억한다면 서로에게 친절하며 이 땅에 사는 동안 자기들 가슴의 사랑을 더욱 확장시켜나갈 것이다. 상호존중은 하느님의 사랑이 구현되는 제단이다.

　부모와 자녀들은 지나친 친숙함을 경계해야 한다. 그들의 관계는 힘이나 권위 아닌 사랑에 바탕을 둔 것이어야 한다. 불친절로 가슴을 채우면 하느님의 사랑을 결코 배울 수 없다. 자기중심이 아닌 참된 사랑은 부모와 자녀의 사랑이라는 제단에서 자라난다. 몸의 성전에서 거칠고 사납고 자기중심적이고 상대를 믿지 않는 진동이 울릴 때 하느님의 사랑이라는 메아리는 숨을 죽인다.

부모와 자녀들의 책임

　부모들은 자녀들을, 그 안에서 부부의 사랑이 세월과 함께 자녀 사랑으로 순결해지고 확장되는, 존엄한 성전으로 여겨야 한다. 그 작은 성전들에서 자신들이 하느님을 섬기고 있다는 느낌을 받아야 한다. 자녀들 또한 제 부모를, 이 땅에 보이는 모습으로 나타난 하느님의 대리인으로 여겨야 한다.

부모가 남들 앞에서 자녀를 나무라는 일은 결코 없어야 한다. 미처 자기를 절제 못하거나 오랜 버릇 때문에 자녀들에게 거칠고 사나운 말을 한다면, 그것은 부모 가슴에서 자녀 가슴으로 당신의 사랑을 확장시키려는 하느님을 가로막는 것과 같다. 부모들이 자녀들에게 거친 말을 자주 해서 자녀들이 반항하거나 풀이 죽게 해서는 안된다. 자녀들이 잘못할 때는 단호하면서도 사랑어린 말로 견책할 필요가 있다. 그리고 자녀들에게 생활에 필요한 것만 주고 사치품은 주지 말아야 한다. 자녀들을 물질이나 이기적 탐욕의 노예로 만들지 말라. 너무 많은 돈이나 재물로 자녀들을 응석받이가 되게 만들지 않도록 조심해야 한다.

사물이나 사람에 너무 집착하지 않는 것이 매우 중요하다. 어머니는 스스로 이렇게 말하는 연습을 해야 한다. '이 아이가 커서 나를 떠나거나 혹시 죽더라도 하느님이 그를 데려가셔서 당신의 영광으로 삼으려 하시는 것이니 그로써 나는 충분히 행복하다.' 한 어머니가 자식에 대한 인간적인 집착을 떨쳐버릴 수 있을 때 비로소 그녀는 진정한 사랑이 무엇인지 깨치게 될 것이다. 집착으로는 그런 사랑을 키울 수 없다. 오두막 하나 잃고서 궁전을 잃은 것만큼이나 상심할 수 있는 게 사람이다.

자녀들은 제 부모를 하느님의 사랑에 처음 눈뜨게 해주는 통로로 볼 수 있어야 한다. 부모에게 저항하거나 부모를 하찮게 여기는 자식들은 하느님의 신성한 사랑에 반항하는 것이다. 혹시 부모가 남들 앞에서 자신을 욕하거나 심하게 책망하더라도 대들거나 앙심을 품는 일이 있어서는 안된다. 부모와 자녀들이 서로 괴롭히는 것은 자기들 안에 거하시는 부드럽고 전능하신 하느님을 핍박하는 것이다.

아이에게 중요한 환경

사람의 어린 시절 외부 환경은 그의 내적이고 본성적인 환경을 조장하거나 질식시킬 만큼 중요하다. 누구든지 출생 전에 형성된 정서적 환경 속에서 태어난다. 내적 환경은 외부 환경으로 뒷받침될 때 더욱 강화되고 확장될 수 있다. 그러나 외부 환경이 내적 환경과 다를 경우에는 내적 환경이 억눌리거나 비틀어질 수 있다. 그래서 천성이 나쁜 아이도 좋은 환경에서 자라면 나쁜 성향들이 달라질 수 있는 것이다. 반대도 마찬가지다. 천성이 착한 아이라도 바깥 환경에 의해 착한 성품이 짓밟힐 수 있다. 반면에 그가 좋은 집안에서 자라면 착한 성품이 더 크게 자라난다. 외부 환경과 내적 환경이 자신의 과거와 그동안 익힌 버릇들로 결합되면, 그것이 오늘 자신의 삶을 통제하고 자신의 기호와 버릇들을 만들어간다.

아이들은 선한 성향과 악한 성향을 아울러 지니고 태어난다. 실은 웬만큼 선한 성향과 웬만큼 악한 성향을 지니고 태어나는 것이다. 선하고 악한 성향이 정확하게 균형을 이루어 태어나는 아이들은 매우 드물다. 대개는 선한 성향이 악한 성향보다 좀더 많거나 아니면 그 반대다. 악한 성향이 선한 성향보다 덜한 경우 선한 성향의 힘에 의해 악한 성향이 좋게 바뀌는 것은 자연의 법이다. 반대로 선한 성향이 악한 성향보다 덜한 경우 악한 성향의 힘에 의해 선한 성향이 질식당할 수 있다.

내 어린 시절의 경험

어린아이가 우는 것은 대개 그 몸에 무엇이 필요해서다. 그러므로 어린아이의 첫 번째 의지를 '생리적 의지(physiological will)'라고 부를 수 있다. 아이는 자라면서 '기계적 의지' 또는 '생각 없는 의지'라고 할 수 있는 어머니의 의지에 이끌림을 받는다.

내가 어렸을 적에 경험한 일이다. 나는 엄마가 하라는 대로 기계처럼 움직이는 착한 아이였다. 모두가 나를 천사라고 불렀다. 한번은 동네 가게 앞을 지나는데 진열장의 주황색 사탕이 눈에 들어왔다. 같이 가던 유모에게 사탕을 사달라고 했다. 그러나 유모는 그냥 나를 집으로 데려왔다. 그리고 사탕에 대해 아무 말도 하지 않았다.

나는 저녁을 먹고 나서 어머니에게 주황색 사탕이 먹고 싶다고 했다. 어머니가 말했다. "안돼. 잠이나 자렴." 조금 있다가 다시 말했다. "엄마, 주황색 사탕이 먹고 싶어요." 어머니가 말했다. "잠이나 자라니까?" 나는 큰소리로 울음을 터뜨렸다. "주황색 사탕이 먹고 싶어요!" 결국 어머니는 문 닫고 들어간 가게 주인을 불러내어 사탕을 사오셨다.

　　그날 나는 행복했다. 왜냐고? 사탕 때문이라기보다는 드디어 나 자신의 의지(my own will)를 관철시켰기 때문이었다. 그것이야말로 잊을 수 없는 굉장한 경험이었다.

　　물론 다음날 나에게 '말썽꾸러기 녀석'이라는 별명이 붙긴 했지만, 그건 어디까지나 내 의지를 실현한 대가로 얻은 이름이었다.

　　부모들에게 말한다. 아직 어리다는 이유로 자녀들의 성가신 요구를 거절하면서 그들의 의지를 꺾지 말라. 내가 나한테 해롭지 않다고 생각되는 무언가를 원했을 때 우리 가족은 들어주었다. 나는 늘 이성理性의 말에 귀를 기울였고, 그래서 내가 잘못되었다고 판단되면 기꺼이 포기했다. 그러나 스스로 옳다고 여겨지면 온 식구가 나서서 말려도 꿈쩍하지 않았다.

　　아이의 요구가 잘못된 것이 아니라고 판단되면 더 이상 그를 말썽꾸러기라고 부르지 말라. 그의 자유를 박탈하지 말라. 그의 사소한 요구에 귀를 기울이고 사랑과 이해에 바탕을 둔 조언을 해주라. 이성으로 그를 설득하라. 그래도 고집을 꺾지 않으면 더 말하지 말라. 아이 스스로 어려운 일을 당하게 두라. 그렇게 해서 나름대로 무엇이 옳은지를 어쩌면 더 빨리 깨치게 될 것이다.

부모가 자신들의 뜻을 자녀에게 강요하는 경우가 흔히 있다. 그래서 나는 어렸을 때 기도하는 걸 좋아하지 않았다. 기도를 왜 하는지, 기도의 목적이 무엇인지를 이해할 수 없었기 때문이다. 그러나 언짢아하시는 하느님을 달래드리는 게 아니라 내 영혼을 위해 그분께 사랑을 드리는 것이 기도임을 이해하게 되었을 때 나는 진지하게 기도할 수 있었고, 그것을 집안 식구들이 모두 들을 수 있었다. 어린 자녀들에게 자유를 주고 다만 옳다고 생각하는 바를 사랑으로 귀띔해주라. 자녀들의 자유로운 의지력을 길러주는 것이 중요하다는 사실을 잊지 말라.

스스로 합리적 이유를 댈 수 없는 무언가를 자녀에게 강요하는 일이 없도록 유념하라.

부모를 공경하라

사람이 자기 부모를 공경하는 것은 지극히 마땅한 일이지만, 애착이 지나쳐 하느님을 묵상하고 그분과 하나 되는 길을 포기하라는 부모의 요구에 순종하느라 하느님을 등지는 일은 없어야 한다. 사람의 생애는 다른 어떤 사람이나 일보다 하느님이 먼저여야 한다. 명상 가운데 하느님을 만나 그분과 맺어지는 일이 다른 어떤 일보다 우선이어야 한다는 말이다. 하느님께로부터 오는 물리적·정신적 에너지 없이는 어떤 일도 할 수 없는 게 사람이기 때문이다.

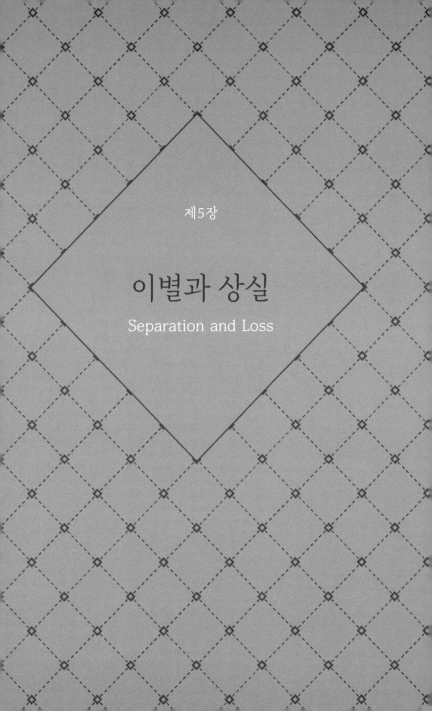

제5장

이별과 상실

Separation and Loss

✴

매력적인 외모라는 포장

피닉스에 있는 나를 찾아와서 '지금 당장' 결혼할 테니 주례를 서달라고 부탁한 커플이 있었다. 나는 그들에게 말했다. "나는 내가 주례할 사람들이 누군지 알아야 해요. 당신들 부탁에 대해 명상을 해야겠으니 내일 다시 오시오." 이 말에 남자는 영문을 모르겠다는 표정이었다.

이튿날 그들이 왔을 때, 남자가 말했다. "지금은 어때요?"

내가 말했다. "안돼요."

남자가 화난 얼굴로 여자에게 말했다. "갑시다. 다른 사람한테 부탁할 수 있을 거요."

문밖으로 막 나서는 그들에게 내가 말했다. "이 말을 기억하시오. 당신들 두 사람은 행복하게 살 수 있는 짝이 아니오. 그게 그렇다는 걸 알았을 땐 이미 늦었을 거요. 그러나 제발 부탁합니다. 어떤 일이 있어도 서로 죽이지는 마시오."

그들은 다른 데로 가서 결혼식을 올렸다. 얼마 후 지금 자신들이 얼마나 행복한지를 보여주려고 워싱턴 산으로 나를 찾아왔다. 나는 아무 말 하지 않았지만 속으로 생각했다. '당신들은 솥뚜껑 아래서 무엇이 끓고 있는지 모르고 있소!'

여섯 달 뒤에 그들이 다시 나를 찾아왔다. 이번에는 무릎을 꿇고 말했다. "우리는 서로 성격이 얼마나 다른지를 몰랐어요. 선생께서 일러주시지 않았더라면 아마 둘 가운데 하나는 죽었을 겁니다." 매력적인 외모에 정서적으로 도취된 상태에서 두 사람은 각자에게 내재된, 따라서 두 사람의 관계에 작용할 수밖에 없는, 도저히 서로 어울릴 수 없는 기질을 알아보지 못했던 것이다.

사람은 매력적인 외모라는 포장 뒤에 무엇이 있는지를 알아볼 수 있어야 한다. 영혼의 화합이 이루어지지 않는 곳에 참된 사랑은 있을 수 없다.

애착과 사랑

애착(attachment)은 영혼을 괴롭히는 일종의 눈먼 느낌이다. 그것으로는 아무것도 이루지 못한다. 애착은 사랑이 아니다. 진정한 사랑은 언제나 사랑받는 이의 행복 안에 있다. 당신은 근사한 친구를 사랑한다고, 그와 함께 하는 것이 즐겁다고, 그를 섬기는 게 좋다고 말한다. 그런데 그가 떠난다. 그가 떠나간 뒤에 그를 잊어버린다면 그것은 그를 진정으로 사랑한 게 아니다. 그러나 밤낮으로 그를 생각하며 슬퍼한다면 그건 바보다. 애착은 당신과 그 친구에게 어떤 좋은 것도 주지 못한다. 언제고 그가 왜 나를 떠났는지 알게 될 거라고 스스로에게 말해주라. 그가 행복하기를 바라고 기도하라. 그가 그렇게 떠나는 것이 두 사람 모두를 위해 좋은 일이기 때문이다. 하느님의 뜻이 무엇이든 간에 그를 위해 가장 좋은 것이기를 바라는, 이것이 당신의 간절한 염원이어야 한다.

힘든 결혼생활과 이혼

이미 결혼했는데 짝을 잘못 만났다 싶으면 될 수 있는 대로 상황을 좋게 만들라. 자녀들을 위해서 또는 다른 무슨 이유로 결혼생활을 지속해야 한다면 자신의 약점을 고치고 이해심을 기르도록 노력하라. 그렇게 할 수 있다면 바르게 처신하면서 다른 모두와 어울리는 놀라운 기술을 터득하게 될 것이다.

잔소리 심한 아내를 윽박지르지 않고 타협의 기술로 이겨낸 남자는 주위 모든 사람을 이길 수 있다. 성실치 못한 남편을 끊임없는 용서와 사랑과 흔들리지 않는 친절로 이겨낸 여자는 언제 어디서나 무너지지 않는 내면의 성채에서 행복을 누릴 것이다.

남편을 사랑한다면 그의 모든 허물을, 그가 성실하지 못하게 처신했더라도 한결같은 사랑의 향유香油로 용서하고, 그에게 잘못을 뉘우쳐 반성할 시간을 충분히 주라. 많은 여자들이 실수한 남편이 속으로 뉘우치는데도 거칠고 날카로운 말로 고춧가루를 퍼붓는다. 결과는 노골적인 저항이다. 누구도 모든 것을 완전하게 알지 못한다. 자신의 오해에서 비롯된 독설을 뿜어내지 말라. 대신에 남편이 치유되기를 바라는 속마음을 은밀히 암시하라. 남자는 잘못을 저질렀을 때 제 잘못인 줄 알면서도 지적당하는 것을 못 견딘다. 자기한테 안 좋은 찌지가 붙는 것이 싫어서 무턱대고 저항부터 하는 것이다.

배우자와 평화롭게 지내려면 우선 거친 말을 삼가라. 상대가 거칠게 말하는 것이 싫거든 자신부터 거친 말을 하지 말라. 거친 말이 거친 말을 불러 속사포로 퍼붓는 법이다. 거친 말로는 결코 그 속사포를 멈출 수 없다. 함께 사는 사람이 나를 미워하게 만들 까닭이 무엇인가? 결과는 뻔하다. 접시가 날아가고 눈알이 뒤집히고 그러다가 마침내 이혼이다. 말없이 자신의 허물을 고치고 둘 사이에 거친 말과 증오가 오가게 할 원인들을 제거하라.

하늘 아버지께서 부부가 화합하는 길을 보여주시기 바라는가? 둘이 갈라설 때 갈라서더라도 생각과 말과 행실로 친절하겠다고 결심하라. 무엇보다도, 설혹 배우자가 그러더라도 똑같이 그를 미워해 거친 말을 토하지 않겠다는 마음을 단단히 먹으라. 배우자의 어떤 태도가 싫다면 같은 태도를 자신의 입술과 행동과 생각의 토양에 심지 말라. 둘이 헤어지게 되었더라도 친절하게 헤어지라. 그러면 배우자도 자기 허물을 깨닫고 속으로 뉘우칠 것이다. 둘이 계속 함께 살기로 했으면 상대방이 저지른 잘못을 입에 담지 말라. 입을 굳게 다물고 친절하지 않은 생각, 말, 행동은 애써 피하

라. 끊임없는 친절과 온유함으로 끝내 배우자를 설득하라.

　그리고 기도해야 한다. 헤어지게 됐다면 이런 편지를 쓸 수도 있을 것이다. '친애하는 당신, 한때 우리는 서로 사랑했지요. 그 사랑을 다시 한 번 기억합시다. 우리가 선한 마음으로 결혼했던 몸이니 비록 결혼생활에 성공하진 못했지만 옛 사랑을 추억하며 잘 헤어졌으면 해요. 나는 이제 당신에 대한 좋은 감정을 품고서 당신을 떠나려 합니다. 지난날 우리가 나누었던 사랑을 내 인생의 가장 아름다운 비밀로 간직하겠어요.'

　깊이 명상하고 하늘 아버지의 기쁨 안에서 오랜 시간을 보내라. 그런 다음 잠자리에 들기 전이나 잠에서 깨어난 직후 양미간에 의식을 모으고 이렇게 기도드리라. '아버지, 우리가 여기까지 함께 왔습니다. 언제까지나 이 사랑 안에서 살게 해주십시오. 혹시 그것이 아버지의 뜻이라면 우리가 헤어지더라도 서로 사랑하고 이해하면서 헤어지게 해주십시오.'

사랑하는 이들이 죽는 까닭

　하느님은 인간의 즐거움을 위해 꽃 피고 열매 맺는 아름다운 광경을 창조하는 것으로 만족하지 않으셨다. 어린아이를 보호하고 기르는 부모를 지으셨고, 부모 사랑으로 자녀 돌보는 것으로도 만족하지 않고 사랑을 확장해 당신의 무한사랑에 이르도록 친구들을 지으셨다. 이렇게 하느님의 사랑이 인간들 가슴에서 숨바꼭질 놀이를 하고 있다.

아이는 부모 사랑으로 자라나 어른이 된다. 부모가 죽으면 잃어버린 사랑으로 가슴이 아프다. 그는 애인과의 사랑에서 위안을 얻고 다른 모든 아픔을 지워버릴 만큼 가슴 벅찬 부부간의 사랑을 경험한다. 세월이 흐르고 부부간 사랑의 열정이 식으면 의아해한다. '가슴 벅차던 그 사랑은 어디로 갔는가?' 나이든 커플은 우정을 나누는 친구가 되어 서로를 이해하지만 더 이상 젊음의 열정으로 사랑할 수 없다. 사랑이 내외간의 애착이라는 장막 너머에 영영 숨어버려, 가슴 설레는 형태로는 결코 드러나지 않는 것이다.

부모가 죽을 때, 그들의 사랑을 상실할 때, 늙어서 더 이상 내외간의 사랑을 느낄 수 없을 때, 그래도 사랑 자체를 잃는 것은 아님을 기억하라! 참 사랑은 모든 살아있는 것들의 가슴에, 꽃들과 말없는 별들에 여전히 숨어있다. 하느님이 당신의 사랑을 그것들 속에, 우리가 그것을 발견해 영원한 광휘의 겉옷을 바라보게 하려고 감추어두신 것이다.

어째서 '자연(Nature)'은 우리가 누군가를 극진히 사랑하게 하고, 또 그들을 우리한테서, 적어도 우리 눈앞에서 사라지게 하는가?

신성한 사랑은 우리가 살아있는 동안 우리와 더불어 숨바꼭질하다가 죽음의 장막 뒤에 몸을 숨기고, 우리가 저를 찾아 헤맨

끝에 마침내 없는 곳 없는 현존의 은밀한 암자에서 발견하게 한다. 사랑이 우리를 인도해 생사의 끝없는 미로를 가로질러 완전한 사랑이 눈부시게 빛나는 곳으로 가게 하는 것이다. 진실로, 죽음 안에도, 사랑은 살아있다.

영원한 사랑을 맹세하던 두 연인을 밝은 달이 내려다보며 웃고 있다. 지금 그들의 해골이 땅에 묻혀있고 그들의 사랑을 말해줄 이는 아무도 없기 때문이다.

그래도 참 사랑은 말한다. "달과 운명이 인간의 덧없음을 비웃게 두라. 그러나 그들이 '나(Me)'를 비웃지는 못할 것이다. 죽을 수밖에 없는 인간이 그 속에 '나'를 가두려고 했던 살과 뼈, 그것을 내가 부수었다. 그러나, 비록 그들의 인간적 사랑을 부수긴 했지만, 나는 모든 공간의 중심에 숨겨진 내 처소를 가슴 저리게 사모하도록 그들의 영혼을 끌어당기고 있다. 마침내 여기 나의 무궁하고 늘 새로운 지복 안에서 참된 연인들이 영원한 안식을 취할 것이다. 그들이 인간의 모자라는 사랑을 통해서 찾고 또 찾는 것은 오직 나의 불멸하는 사랑이다."

신성한 사랑이 모든 영혼에게 말한다. "당신이 진정 나를 사랑한다면 한 존재 안에서가 아니라 모든 존재 안에서 '나'를 사랑할 것이다. 기억하라, 당신은 '나'를 한 인간 안에 가두어두려 하지만 그 육신의 꼴을 내가 마침내 깨뜨릴 것이다. 그렇게 되면 당신이 모든 존재 안에서 '나'를 찾는 법을 배울 수 있기 때문이다."

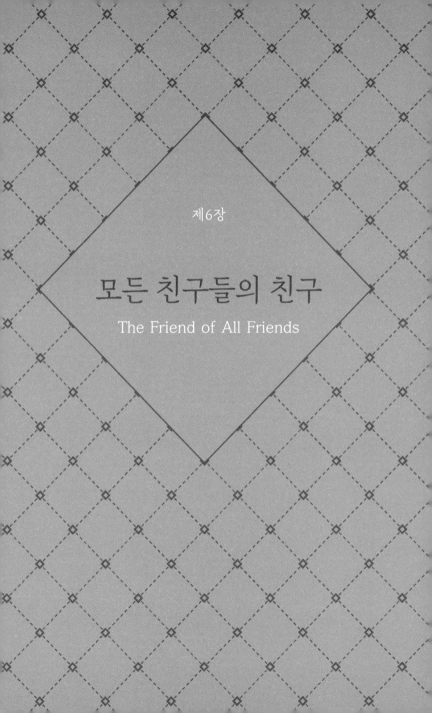

제6장

모든 친구들의 친구

The Friend of All Friends

✴

오, 아버지. 제가 눈 멀었을 때는 당신께로 들어가는 문을 찾지 못했지요. 그러나 지금은 당신이 제 눈을 열어주셨기에 모든 곳에서, 꽃들의 심장에서, 친구의 다정한 음성에서, 온갖 사랑어린 달콤한 추억들에서 그 문을 봅니다. 제 기도의 탄식들마다 당신 현존의 광대한 신전으로 들어가는 문을 열어줍니다.

✡

모든 사랑의 하느님, 당신을 사랑하려고 인간의 온갖 사랑과 더불어 제가 왔습니다. 당신은 보호자 아버지, 혀 짧은 소리로 부모에게 응석부리는 어린아이, 한없는 친절을 소나기로 퍼붓는 어머니, 친구들의 사랑이시며, 사랑하는 이가 사랑받는 이에게 주는 사랑을 끊임없이 베풀어 주십니다. 주인을 향한 하인의 공경으로 저를 순결하게 해주십시오. 온갖 순수한 사랑으로 당신을 사랑하도록 저를 가르쳐주십시오. 하늘에서도 땅에서도 당신이 사랑의 원천이기 때문입니다. 온갖 사랑의 물보라로 저를 적셔주십시오.

붓다와 매춘부

한번은 붓다가 수상한 행실을 보여서 제자들이 얼마 동안 스승을 어리둥절한 눈으로 본 적이 있었다. 붓다와 그의 제자들은 모두 내외간의 사랑을 포기하고 독신을 서약한 사람들이었다. 그런데 어느 날, 붓다와 제자들이 시원한 나무그늘에서 쉬고 있는데 한 매춘부가 붓다의 환하게 빛나는 얼굴을 보고 가까이 다가왔다. 그의 성스러운 얼굴을 보자마자 사랑에 빠진 것이었다. 그녀가 붓다를 껴안고 입을 맞추고자 두 팔을 벌리고 달려오며 소리쳤다. "오, 아름답게 빛나는 이여, 당신을 사랑합니다."

독신인 제자들은 붓다가 여인에게 하는 말을 듣고 깜짝 놀랐다. 붓다가 말했다. "사랑하는 사람아, 나도 그대를 사랑한다. 그러나 지금은 내 몸을 만지지 말라. 아직 아니다."

매춘부가 물었다. "당신은 나를 사랑하는 사람이라고 불렀습니다. 그런데 왜 몸을 만지지 말라고 하시는지요?"

붓다가 그녀에게 말했다. "사랑하는 사람아, 다시 말하겠다. 나중에 내가 그대를 만질 것이다. 지금은 아니다. 그때 가서 내가 왜 이러는지를 말해주겠다." 제자들은 자기네 스승이 매춘부와 사랑에 빠진 줄 알고 충격을 받았다.

수년 세월이 흐르고, 하루는 제자들과 함께 명상하던 붓다가 갑자기 말했다. "가봐야겠다! 나의 사랑하는 사람 매춘부가 나를 부른다. 그녀에게 지금 내가 필요해. 그녀에게 한 약속을 지켜야겠다." 제자들이 어떻게든 스승을 구해보려고 그 뒤를 따라 달려갔다. 그러나 그는 매춘부에 대한 사랑으로 미친 것처럼 보였다.

위대한 붓다가 뒤따라오는 제자들과 함께 처음 매춘부를 만났던 나무그늘로 달려갔다. 거기 천연두에 걸려 고름을 흘리며 썩어가는 그녀의 아름다운 몸이 누워있었다. 제자들이 코를 움켜쥐고 멀찍이 물러섰다. 그러나 붓다는 그녀의 망가진 몸을 어린아이처럼 끌어안고 머리를 자기 무릎에 눕히고 속삭였다. "사랑하는 사람아, 그대에 대한 내 사랑을 이제 보여주마. 전에 한 약속을 지켜야겠다. 이 사랑을 보여주려고 오래 기다렸다. 내 사랑은 모두가 그대를 사랑하지 않을 때, 그때 피어나는 것이다. 그대의 젊은 친구들이 그대 몸을 만지려 하지 않을 때 나는 그대를 만지겠다." 이렇게 말하면서 붓다는 그녀의 병을 고쳐주었고, 온갖 육체적 욕망을 떨쳐버린 그녀를 제자로 받아들여 곁에 두었다.

인간의 사랑은 이기적이다. 때로는 다른 모든 것을 값으로 치르면서 자신의 안락만을 생각한다. 하느님의 사랑은 이기적이지 않다. 사랑하는 대상의 행복을 추구하는데 제한을 두거나 편파적이지 않다. 하느님은 선한 사람 악한 사람 똑같이 사랑하신다. 둘 다 당신의 자식이기 때문이다. 하느님을 알고 싶은 사람은 자신의 사랑이 그분의 사랑처럼 모든 사람에 대한 사랑임을 보여드려야 한다. 한 영혼이 하늘 아버지께 자기가 선한 사람 악한 사람 가리지 않고 똑같이 사랑하고 있음을 보여드릴 때, 그분은 말씀하실 것이다. '내 착한 아들/딸아, 내가 너의 사랑을 받아들인다. 나처럼 너도 내 사랑으로 모든 사람을 사랑하고 있기 때문이다.' 나를 사

랑해주는 사람을 사랑하는 것은 자연스러운 일이나 그것은 에고
의 사랑이다. 나를 사랑하지 않는 사람, 심지어 나를 미워하는 사
람까지 사랑하는 것이 초자연적인 사랑을 실현하는 것이고 모든
사람 안에서 하느님을 보는 것이다.

무엇이 참사랑인가?

언제 어디서나 다음의 깊은 진실을 유념하라. 당신은 누구에
게도 속하지 않았고 아무도 당신에게 속하지 않았다. 당신은 이 땅
에 잠시 머물다 갈 따름이다. 당신이 이 땅에 머무는 진짜 이유는
당신이 머리로 생각하는 것들과는 전혀 다르다.

당신 가족들은 당신이 자기들 것이라고 주장한다. 그러나 당
신이 죽었다가 다른 집안에 태어나도 그들이 당신을 사랑하겠는
가? 당신이 존재한다는 사실을 알기나 하겠는가? 당신 친구들도
당신이 자기들 것이라고 주장한다. 그러나 당신이 무슨 심각한 오
해로 더 이상 그들에게 즐거움을 주지 못한다면 과연 그들 가운데
몇이나 여전히 당신 곁에 있어줄 것인가? 아마도 모두가 그러지
는 않을 것이다.

사람들은 자기가 누군가를 사랑한다고 말한다. 그러나 실제
로 그들이 사랑하는 건 자기 자신이다. 누구를 사랑한다고 하지만

그가 자신에게 즐거움을 주니까 그런 것이다.

진정한 사랑은, 비록 그 때문에 자기를 희생하게 되더라도, 사랑하는 사람의 행복에서 자신의 행복을 찾는다. 얼마나 많은 사람이 그런 사랑을 하는가? 아주 드물다. 그 드문 사람 가운데 몇이나 자기 사랑에 대한 보답을 받는가? 훨씬 드물다!

하느님을 향한 사랑만이 충분한 보상을 받는다. 실은 보상받는 것 이상以上이다. 다른 모두가 우리를 오해할 때 하느님은 이해하신다. 다른 모두가 우리를 등질 때 하느님은 사랑하신다. 모두가 우리를 망각할 때 하느님은 기억하신다. 우리는 하느님의 것, 영원토록 오직 하느님만의 것이다.

순수 사랑

해와 달과 별과 천하 만물이 하느님의 사랑이라는 힘에 붙들려 돌아간다. 누구든 하느님을 알고 싶으면 자신의 사랑을 동떨어진 작은 사랑으로 제한하지 말고 신성한 그분의 사랑에 결합시켜야 한다. 삶과 죽음의 춤을 통해 하느님이 사랑이심을 알라. 그 사랑을 찾는 데 인생의 유일한 목적이 있다. 다른 묘약은 없다. 그것이 몸마음 모든 면에서 사람을 아름답게 해준다. 사랑은 서술되거나 정의될 수 있는 것이 아니다. 오직 깊은 느낌으로 경험할 수 있을 따름이다.

　순수한 본성 안에서 모든 사랑이 하느님의 사랑이다. 영혼 안에서 그 순수 사랑이 빛나면 모든 것을 끌어당기는 하느님의 우주 보편적 아름다움과 무한 사랑이 자신을 감싸게 될 것이다. 모든 나라들이 우주 보편적 사랑과 이해의 신전으로 모여야 한다. 사랑만이 지속될 것이다. 하느님의 법은 형제애와 사랑의 법이다.

　비록 인간의 사랑이 인간관계와 서로간의 쓸모에서 파생되지만 영적으로 진화되는 순수 사랑은 모든 외형적 조건으로부터 자유롭다. 서로간의 쓸모에서 사랑이 생겨나기는 하지만 더 이상 그런 외형적 조건을 따지지 않는 사랑이 있다. 아이에 대한 어머니의 사랑이 하나의 예다. 그 사랑에는 어떤 조건도 붙지 않기 때문이다. 어머니는 병들어 약한 아이도 사랑할 수 있다.

　사랑을 확장하라

　우리의 사랑을 가까운 이들에 대한 사랑으로 제한해서는 안된다. 사랑을 확장시키는 데 친밀한 인간관계의 목적이 있다. 자연이 가족 사랑의 매듭을 끊는 유일한 이유는 가족에 대한 우리의 사랑이 이웃, 친구, 나라 그리고 다른 모든 나라들에 대한 사랑으로 확장되어야 함을 가르쳐주는 데 있다. 자기 가족을 사랑하지 않는 사람은 이웃이나 나라를 사랑할 수 없다. 먼저 자기 나라를 사랑하지 않고서 다른 모든 나라들을 사랑할 수 없는 일이다.

사랑은 본질적으로 모든 인간관계를 초월하는 머리와 가슴으로 하는 것이다. 우리는 이 모든 인간관계들을 통해 위에 계신 하느님을 숭배해야 한다. 하느님은 아버지, 어머니, 스승, 친구 또는 모든 영혼의 신성한 연인으로 우리의 사랑을 받을 수 있는 분이시다.

사랑을 비좁은 경계에 한정시켜서는 안된다. 우리는 친구 사이의 우정, 부부간의 사랑, 부모의 자식 사랑, 이웃 사랑 그리고 모든 살아있는 것에 대한 사랑의 문들을 통과해 신성한 하느님 사랑의 왕국에 들어갈 수 있다. 순수한 사랑은 말로 되는 게 아니다. 존재하는 모든 것을 향해 끊임없이 확장되는 연민과 우정의 토양에서 배양되어야 비로소 가능한 것이다.

한 사람을 특별하게 사랑해보지 않은 사람은 결코 인류를 사랑할 수 없다. 새들과 짐승들을 포함해 자기 이웃을 사랑하지 않는 사람은 결코 하느님을 사랑할 수 없다. 인간의 사랑이 자라나는 토양에서만 신성한 순수 사랑이 자랄 수 있는 것이다.

가슴 왕국 영토 넓히기

하느님을 느끼려면 가슴의 영토 자체를 넓혀야 한다. 지금 당신은 자신의 가슴으로만 느끼고 있다. 다른 이들의 가슴으로 느끼는 법을 날마다 수련하라. 그들의 두려움, 그들의 아픔, 그들의 기쁨, 그들의 만족을 함께 느끼는 것이다. 남들의 가슴으로 느끼라는 말은 자신만의 느낌에 머무르지 말고, 자신을 위하듯 남들을 위해서도 시간과 정성을 들이고, 자신한테 쏟는 것과 똑같은 관심과 열정으로 그들을 사랑하고 보호하라는 말이다.

누군가의 필요에 민감해지는 것으로 시작하라. 날마다 그 민감함의 영역에 더 많은 사람들을 포함시키라. 그들에 대한 느낌을 단순한 감상이 아닌 행동이 되게 하라. 날마다 구체적인 도움으로 그들을, 특히 당신을 좋아하는 사람들부터 사랑하라. 당신을 별로 좋아하지 않는 사람들까지 존중하면서 사랑으로 대할 수 있을 때까지 그렇게 계속하라. 그리하여 마침내 당신을 모르는 사람들이나 심지어 당신을 싫어하는 사람들까지 사랑과 선의로 도울 수 있을 정도가 되라. 한 영혼이 가슴에서 가슴으로 경계를 넓혀나가다가 모든 피조물의 중심에서 하느님의 신성한 왕국을 되찾는 실제적이고 구체적인 길이 바로 여기에 있다.

하느님의 한 가슴을 느끼라

성, 계급, 종교 따위 가리지 않고서 남들을 끊임없이 사랑하고 도울 준비가 갖추어졌을 때 당신의 가슴은 인류를 끌어안기에 충분할 만큼 넓어질 것이다. 모든 사람, 모든 살아있는 것들에 대한 사랑으로 가슴을 가득 채우면 마침내 하느님의 가슴에 당신의 가슴이 녹아들어 하나가 될 것이다. 그리하여 모든 가슴들이 하나로 느껴지면서 그것들 뒤에서 두근거리는 하느님의 우주 심장(the Cosmic Heart)이 느껴질 것이다. 개인적이고 자기중심적인 사랑의 경계를 넘어 모든 존재를 향해 같은 사랑을 느낄 때, 모든 가슴들의 우주 제단에서 순수 백광白光으로 영원히 타오르는 하느님의 위대한 사랑을 느낄 것이다. 자신의 영혼에 은밀히 말씀드리라. '오, 하느님. 제가 세상의 모든 잔들에서 오직 당신의 사랑만을 마시겠습니다. 이 세상 온갖 금, 은, 수정으로 된 잔들과 인간 가슴의 보이지 않게 빛나는 잔들에서 오직 당신의 사랑만을 마시겠습니다.'

모든 가슴의 등잔에서 은밀히 타오르는 하느님의 사랑을 알아차리면, 모든 사람과 모든 사물을 관통해 흐르는 그분의 사랑을 깨쳐 알게 될 것이다.

받아들일 자세가 되어있는 사람을 만날 때마다 당신이 그의 육체적·정신적·영적 안녕과 행복에 관심이 있다는 사실을 알려주라. 다른 누군가의 꼴을 한 자기 자신을 위해 할 수 있는 일은 무엇이든 하라. 위없이 높은 영靈을 알려면 그 영이 되어 모든 사람의 몸과 마음을 통해 표현되는 자기 자신을 발견해야 한다. 에고의 거품을 위없이 높은 영의 바다에 흡수시키라. 온갖 이기심의 작은 경계들을 무너뜨리고 모든 살아있는 것들의 경계 없는 무아無我에 자신을 포함시키라.

주인이신 당신이여,

당신과 저는 결코 나뉠 수 없습니다.

바다에 스며드는 물결,

한낱 거품인 저를

당신의 드넓은 바다로 만드소서.

이기利己의 장벽을 허물라! 모든 존재를 넉넉히 담을 수 있을 만큼, 자기 사랑을 더 넓고 더 깊게 확장하라.

모든 가슴으로 하느님을 사랑하라

모든 가슴 안에 있는 신성한 하느님 사랑을 마시라. 모든 가슴을 하느님 사랑의 신주神酒가 담긴 술잔으로 보라. 이 사랑을, 하느님 한 분의 사랑을, 자신의 가슴 하나로가 아닌 모든 가슴들로 마음껏 마시라.

모든 가슴에서 드러나는 신성한 사랑으로 하느님을 느끼라. 창조된 모든 것을 향한 자애로운 사랑 안에, 인류를 향한 치우치지 않은 사랑 안에 현존하시는 하느님을 느끼라.

바로 그때 나 자신을 위해 유일한 기도를 바칠 수 있을 것이다. "하늘에 계신 아버지, 제 헌신의 제단에서 당신의 사랑이 영원히 빛나기를, 당신께 드리는 제 헌신이 제 기억의 제단에서 영원히 불타오르기를 기도합니다. 당신을 향한 저의 사랑이 모든 가슴의 제단에서 환히 빛나게 해주십시오."

사랑의 폭 넓히기

나를 사랑하는 모든 이에게 주시는 사랑으로 나에게 당신의
거룩한 사랑을 베푸시는 하느님, 나는 그분을 바라볼 것이다.

✡

사랑에 대한 내 모든 욕망을 하느님의 거룩하고 신령한 사랑
안에서 순결하게 하고 모자람 없게 하리라.

이 땅의 모든 친구들이 오늘은 저토록 두렷이 실재하지만 언
젠가는 사라져 더 이상 보이지 않을 것이다. 그때, 지금은 그 사랑
이 흐릿해서 잘 보이지 않지만 유일하고 참되고 언제 어디서나 함
께 해준 자신의 친구가 바로 한님(the One)인 것이 스스로 밝혀질
것이다. 캄캄한 밤중에 흔들림 없이 깊게, 그리고 단호하게 하느님
을 부르라. 그분이 오실 때까지 결코 멈추지 말라.

✡

오, 신성한 어머니. 제 가슴에 선물로 주신 당신 사랑을 활용
해서 저보다 제 가족들을 더 사랑하도록 가르쳐 주십시오. 제 가족

보다 이웃을 더 사랑하는 복을 내려주십시오. 저를 계속 확장시켜서 이웃보다 제 나라를 더 사랑하고 제 나라, 이웃, 가족보다 온 인류 형제자매들을 더 사랑하게 해주십시오.

끝으로, 다른 무엇보다 당신을 더 많이 사랑하게 해주십시오. 제가 무엇을 사랑한다면 그건 당신의 사랑으로 하는 것이니까요. 당신 없이는 제가 어떤 사람도 어떤 사물도 사랑할 수 없습니다.

오, 신성하신 아버지. 가족 사랑과 이웃 사랑이라는 관문을 지나 더 넓은 사회 사랑의 저택으로 들어가도록 저를 가르쳐 주십시오. 사회 사랑의 문을 통과해 더 넓은 세계 사랑의 저택으로 들어가게 하시고, 세계 사랑의 복도를 통과해 신성한 사랑의 가없는 경계로 들어가 거기서 모든 사물을, 생명이 있거나 없거나, 당신의 사랑으로 숨 쉬며 살아있는 것으로 인식하게 해주십시오.

매혹적이나 좁은 성소聖所인 가족, 사회, 세계 사랑에 머물러 있지 않도록 저를 가르쳐 주십시오. 이기利己와 인간적 사랑의 좁은 영역을 다스리는 작은 신神들의 울타리를 넘어, 신성한 사랑의 가없는 경계로 들어가 온갖 살아있는 것들과 반쯤 살아있는 것들과 잠들어있는 것들이 바로 저 자신임을 알아보게 해주십시오. 아멘.

옮긴이의 말

사람이 한평생 산다는 게 고작 몇 사람 만나고 헤어지고 그러면서, 이 모양 저 모양으로 일을 만들기도 하고 문제를 일으키기도 하고, 그것을 해결하느라 끙끙대기도 하고, 그러는 동안 배울 것 있으면 좀 배우고 비울 것 있으면 좀 비우고, 뭐 그러다가 사라지는 날 간데없이 사라지는 것 아닐까? 그 뒤에 어찌 될지는 아직 죽어보지 않아서 알 수 없거니와, 때 되면 저절로 알게 될 터인즉 일삼아 궁리할 건 없지 싶다.

사람이 사람들과 맺고 푸는 인간관계, 어쩌면 이것이 인생사거의 전부라 할 수 있겠다. 한 사람이 다른 누구를 만나서 그 인생이 어떻게 펼쳐지기도 하고 우그러지기도 하는지 우리 모두 경험으로 잘 알고 있다. 안 그런가?

여기 예순 해도 미처 채우지 못하고, 또는 살지 않고, 마치 '나세상에 와서 만날 사람 다 만나고 배울 것 다 배우고 볼 것 다 보고할 말 다 했으니 더 살아있을 이유가 없다'는 듯이 홀연 세상을 등진 사람 파라마한사 요가난다가 그냥 머리로 한 생각이 아니라 산경험으로 깨친, 건강하고 행복하고 값진 인간관계의 비결(?)을 털어놓는다.

하지만 역시 강제는 털끝만큼도 느껴지지 않는다. 내가 살아보니 이렇고 이러하던데 참고삼아 그대로 해보려면 해보고 아니면 말라는 투다. 그래서 미쁘다.

저자가 인간관계를 언급하면서 '인간적'이라는 말 대신 '영적(spiritual)'이라는 말을 쓴 데는 물론 그럴만한 이유가 있을 터인즉, 인간은 영靈을 담은 육肉이 아니라 육을 경험하는 영이라는 샤르댕 신부 말에서 무엇인가 실마리를 짐작할 수 있을 것이다.

이 책을 읽는 이들도 저자가 '인간적'이라는 말 대신 '영적'이라는 말을 써야 했던 까닭을 깨치고, 자신의 본성을 되찾아, 어치어피 맺게 될 인간관계 이왕이면 건강하고 아름다운 것으로 만들어 후회 없는 인생이었으면 하는 바람을 슬그머니 덧붙인다.

참으로 모든 것이 고맙고 고맙다. 그뿐이다.

2023년 가을 문턱
충주 노은老隱에서, 이 아무